创新经济学研究

杨柳 著

中国商务出版社
·北京·

图书在版编目（CIP）数据

创新经济学研究 / 杨柳著. -- 北京：中国商务出版社, 2024.6. -- ISBN 978-7-5103-5141-9
Ⅰ. F0
中国国家版本馆 CIP 数据核字第 2024SL3308 号

创新经济学研究
CHUANGXIN JINGJIXUE YANJIU

杨　柳　著

出　　版：	中国商务出版社
地　　址：	北京市东城区安外东后巷 28 号　　邮　　码：100710
网　　址：	http://www.cctpress.com
联系电话：	010-64515150（发行部）010-64212247（总编室）
	010-64269744（商务事业部）010-64248236（印制部）
责任编辑：	李阳
排　　版：	廊坊展博印刷设计有限公司
印　　刷：	廊坊蓝海德彩印印刷有限公司
开　　本：	710 毫米×1000 毫米　1/16
印　　张：	15.75　　　　　　　　　　　　　字　　数：212 千字
版　　次：	2025 年 1 月第 1 版　　　　　　　印　　次：2025 年 1 月第 1 次印刷
书　　号：	ISBN 978-7-5103-5141-9
定　　价：	78.00 元

凡所购本版图书如有印装质量问题，请与本社印制部联系

版权所有　翻印必究（盗版侵权举报，请与本社总编室联系）

PREFACE 前　言

创新经济学是一门跨学科的研究领域，融合了经济学、管理学、科学技术学等多个学科的理论与方法，旨在探讨创新对经济增长、产业结构、市场竞争以及社会发展等方面的影响及机制。在当今全球经济快速发展和科技进步的背景下，创新经济学的研究变得更加重要和迫切。通过研究创新在生产、管理、营销等各个环节的应用，可以深入了解创新如何推动产业的发展，提高生产率和竞争力，从而促进经济的持续增长。创新不仅仅是指技术创新，还包括制度、组织、市场等方面的创新，这些创新形式相互作用，共同推动着经济的发展。

随着科技的不断进步和产业的转型升级，传统产业和新兴产业的竞争格局发生了巨大变化。创新经济学通过分析创新在不同产业中的传播和应用，可以揭示产业结构调整的机理和规律，为政府和企业制定产业政策和战略提供理论支持和政策建议。在市场经济条件下，企业通过不断创新来获取竞争优势，提高市场份额和利润。创新经济学研究企业创新的动机、方式和效果，可以帮助企业更好地制定创新战略，提高创新绩效，保持竞争优势。

创新不仅仅是经济增长的动力，还可以改善人们的生活质量，促进社会进步和可持续发展。例如，新技术的应用可以提高医疗水平、改善环境质量、增加就业机会等，对社会产生积极影响。创新经济学通过研究创新对社会各个方面的影响，可以为政府制定科技创新政策和社会发展规划提供参考和建议。本书旨在探讨创新经济学这一跨学科领域的理论、方法和实践，以深入了解创新对经济增长、产业结构、市场竞争以及社会发展等方面的影响及机制。在当今全球经济飞速发展的背景下，创新已成为推动经济发展的重要动力，也是应对各种挑战和实现可持续发展的关键。因此，对创新经济学的深入研究具有重要的理论和实践意义。

作者在写作本书的过程中，借鉴了许多前辈的研究成果，在此表示衷心的感谢。由于本书需要探究的层面比较深，作者对一些相关问题的研究不透彻，加之写作时间仓促，书中难免存在一定的不妥和疏漏之处，恳请前辈、同行以及广大读者斧正。

杨　柳
2024 年 2 月

CONTENTS 目 录

第一章 创新经济学概述 1
- 第一节 创新经济学的基本概念 1
- 第二节 创新经济学的历史演进 7
- 第三节 创新经济学的主要研究方法 16
- 第四节 创新经济学的理论框架 22

第二章 创新与经济增长 27
- 第一节 创新对经济增长的理论模型 27
- 第二节 创新与长期经济增长的关系 32
- 第三节 创新政策对经济增长的影响 39
- 第四节 创新与收入分配的经济学分析 44

第三章 市场竞争与创新经济学 51
- 第一节 市场竞争与创新的理论联系 51
- 第二节 创新市场的结构和动态 58
- 第三节 创新竞争战略的经济学分析 65
- 第四节 市场失灵与创新政策 70

第四章 创新经济学中的产业分析 78
- 第一节 产业结构与创新 78
- 第二节 创新经济学的产业分类 84
- 第三节 产业创新生态系统的经济学视角 90
- 第四节 创新政策在不同产业中的应用 100

第五章　知识产权与创新经济学 …… **107**
第一节　知识产权制度的经济学分析 …… **107**
第二节　专利、版权与创新 …… **113**
第三节　知识产权的国际经济学 …… **120**
第四节　知识产权与创新政策 …… **127**

第六章　金融与创新经济学 …… **131**
第一节　风险资本与创新投资 …… **131**
第二节　创新金融市场的经济学特征 …… **137**
第三节　创新金融产品与服务 …… **143**
第四节　金融市场对创新的影响 …… **150**

第七章　国际经济贸易与创新经济学 …… **163**
第一节　跨国公司与技术转让 …… **163**
第二节　国际知识流动与全球创新 …… **171**
第三节　贸易政策与国际创新竞争 …… **178**
第四节　全球价值链与创新经济学 …… **184**

第八章　组织管理与创新经济学 …… **194**
第一节　创新领导与组织文化 …… **194**
第二节　创新流程管理与经济学原理 …… **201**
第三节　创新团队与人力资本经济学 …… **212**
第四节　创新组织结构与绩效经济学 …… **216**

第九章　未来趋势与创新经济学展望 …… **222**
第一节　技术创新的未来趋势 …… **222**
第二节　人工智能与创新经济学 …… **225**
第三节　生态创新与可持续经济学 …… **231**
第四节　创新经济学的新兴领域和挑战 …… **238**

参考文献 …… **243**

第一章 创新经济学概述

第一节 创新经济学的基本概念

在经济学的分析中,研究创新与经济的关系不仅要关注创新的动力和影响,还需要深入研究创新投入与效益之间的关系,以及创新遵循的经济规律。习近平总书记要求我们在进行创新时要把握创新的特点,遵循创新的规律,实现既奇思妙想、努力追求原始创新,又兼收并蓄、进行集成创新和引进消化吸收再创新的目标。这既包括甘于"十年磨一剑",开展战略性创新攻关,又包括对接现实需求,及时开展应急性创新攻关;既尊重个人创造,发挥尖兵作用,又注重集体攻关,发挥合作优势。

一、创新经济学的内涵

创新经济学是一门经济学分支,其内涵涵盖了广泛的经济活动和理论范畴,着重研究创新对经济增长、资源配置、产业竞争力和社会变革等方面的影响。创新不仅仅局限于技术领域,还包括组织、制度、市场、产品和服务等各个方面的创新。这门学科研究不同类型的创新如何推动经济的增长和发展。创新经济学探讨了创新的动力和驱动因素。这包括了技术进步、研发投资、人力资本、市场竞争和政策支持等多种因素,它们共同推动了创新的产生和传播。创新经济学分析了这些因素如何相互作用,以及它们如何影响企业和经济体系。创新经济学研究了创新的影响和结果。这包括创新对生产率的提高、就业机会的创造、新市场的形成以及经济结构的演变等方面的影响。创新经济学强调了创新作为经济增长的主要引擎之一,并探讨了它如何塑造了现代社会和经济。创新经济学关注政府和政策的作用。政府在促进创新方面扮演着重要角色,通过知识产权保护、研发资助、税收政策和监管框架等方式来影响创新活动。创新经济学研究了不同政策对创新的影响,以及政府如何在创新生态系统中发挥积极作用。创新经济学强调了知识、技术和信息的重要性。在现代经济中,知识和信息流动迅速,创新过程变得更加复杂和互联。创新经济学研究了知识产权、知识管理、技术转移和信息传播等问题,以更好地理解和解决创新经济中的挑战。创新经济学的内涵涵盖了创新的多个方面,包括概念、动力、影响、政策和知识管理等。这门学科对于理解现代经济的运作方式以及推动经济增长和可持续发展的关键因素具有重要意义。

二、创新经济学的特点

(一)跨学科性

创新经济学是一门涵盖广泛领域的综合性、交叉性学科。融合了多个学科的理论和方法,以全面地理解和解释创新对经济的影响。这一跨学科性是创新经济学的显著特点之一,对于深刻理解和应对现代经济中的创新挑战至关重要。创新经济学涵盖了经济学的核心原理。经济学提供了理解资源配置、市场运作和经济增长的基础框架,这对于分析创新如何影响资源分配和市场竞争至关重要。创新经济学借鉴了微观经济学、产业组织理论和宏观经济学等经济学分支的观点,以深入研究创新对企业、产业和国家经济的各个层面的影响。管理学的概念和工具在创新经济学中发挥着重要作用。管理学研究了组织内部的创新文化、创新过程管理、团队协作和战略规划等方面的问题,这对于理解企业如何有效地推动创新和管理创新过程非常关键。创新经济学汲取了管理学的经验教训，以帮助企业和组织更好地应对竞争和变革。科学技术领域的知识对于创新经济学至关重要。创新经济学关注技术创新的驱动因素、技术扩散和技术变革对经济的影响。它汲取了科学技术、工程和信息技术等领域的知识，以更好地理解技术对产业结构、市场竞争力和全球价值链的塑造作用。社会学和政治学等社会科学领域的观点也在创新经济学中发挥着作用。这些领域的研究有助于理解创新活动如何受到社会和政治因素的影响，包括政策制定、文化差异、社会网络和制度框架等。创新经济学的跨学科性有助于深入分析创新现象，考虑多重因素的影响。创新经济学的跨学科性是其独特之处，它借鉴了经济学、管理学、科学技术领域和社会科学等多个领域的理论和方法，以全面理解创新对经济的影响。这种跨学科性使创新经济学成为应对现代经济中复杂创新挑战的有力工具，为促进经济增长和可持续发展提供了深刻的洞察和指导。

（二）动态性

创新经济学的一个显著特点就是强调经济体系的动态性和不断变化。这一特点使创新经济学在分析和解释现代经济中的创新现象和趋势时具有独特的优势。技术的持续进步和发展是创新经济学的核心焦点之一。新技术的涌现、技术创新的快速传播以及技术生命周期的演变都在不断地塑造着经济体系。创新经济学通过研究技术的演进路径和其对产业结构和市场竞争的影响，有助于企业和政策制定者更好地把握技术趋势，做出明智的决策。创新经济学强调市场的不断变化和产业的动态性。市场条件、需求模式和竞争格局都在不断发生变化，这对企业的战略规划和竞争力产生重大影响。创新经济学通过研究市场结构的演化、新兴产业的崛起以及产业集群的形成，有助于理解市场动态和企业如何适应这种动态性。创新经济学强调企业和组织的灵活性和适应能力。在不断变化的经济环境中，企业需要具备灵活的战略和管理能力，以适应新的挑战和机会。创新经济学研究了企业内部的创新文化、创新过程管理和组织变革，帮助企业更好地应对变化。创新经济学强调政府政策的灵活性。政府政策需要能够适应不断变化的经济条件和技术环境。创新经济学研究了不同政策工具的有效性，以及如何调整政策以促进创新和经济增长。创新经济学的动态性特点是其独特之处，使其能够更好地解释和应对现代经济中的不断变化和不确定性。这种动态性的关注有助于企业、政策制定者和研究者更好地理解和适应经济体系的快速演变，为实现持续的经济增长和创新提供了重要的指导和洞察。

（三）知识密集性

创新经济学的知识密集性特点强调了知识在现代经济中的关键作用，以及知识创新对经济增长和竞争力的巨大影响。知识是创新的基础，它包括科学、技术、工程、文化和社会科学等多个领域的知识。创新经济学研究如何在不同领域创造新知识，包括基础研究、应用研究和实际创新活动。这方面的研究有助于我们理解知识创新的过程和机制，以及如何促进创新的发生。创新经济学关注知识的传播和分享。知识不仅仅是在狭窄的领域内创造，还需要传播和分享，才能发挥其最大的价值。创新经济学研究了知识的扩散和流动，包括科技转移、技术采纳和跨界合作等方面的问题。这有助于企业、组织和政府更好地利用外部知识资源，加速创新过程。创新经济学强调知识的应用和商业化。将知识转化为创新产品、服务和商业模式对经济增长至关重要。这涉及技术转化、产品开发、市场营销和商业化策略等方面的研究。创新经济学研究了如何将研发投入转化为商业价值，以及知识密集型产业如何塑造经济结构。创新经济学关注知识的积累和持续更新。知识密集型经济要求不断学习、创新和适应。创新经济学研究了知识管理、技术学习和组织学习等方面的问题，以帮助企业和组织更好地应对知识的快速演化。创新经济学的知识密集性特点强调了知识在现代经济中的核心地位，以及知识创新对经济增长和竞争力的至关重要性。这一特点有助于深入理解知识的创造、传播、应用和更新过程，为推动经济增长和创新提供了重要的理论和实践指导。知识密集性也使创新经济学成为应对知识经济时代的重要工具，有助于实现可持续发展和全球竞争力。

三、创新经济学的内容

（一）知识创新

知识创新在创新经济学中占据着重要的位置，它被认为是原创性、颠覆性技术创新的源头。知识创新的主体主要包括大学和科研机构，这些机构在创造、传播和应用知识方面发挥着关键作用。真正的知识不仅仅是信息的堆积，还包括对信息的理解和解释。知识的三种类型分别是知道"是什么"（knowwhat）、知道"怎么做"（knowhow）、知道"为什么"（knowwhy）。知识创新体现在这三种类型知识的创新上。与技术创新相比，知识创新更注重对信息的理解和对知识的创造。科学在知识创新中发挥着关键的作用，具有两个层次的功能：第一层次是科学发现，创造出知识；第二层次是科学发明，创造出技术，这是对创造出的知识的开发。因此，科学发现所创造的知识可以成为技术创新的基础。

在过去的时期中，知识创新与经济相对独立，技术创新与经济更为紧密。然而，在现代，科学创造的知识直接与经济结合，成为生产和经济增长的重要因素。大学和科研机构所从事的科学研究，包括基础研究，不再远离经济，而是直接与之结合。这标志着一个重要的变革，即决定经济增长的决定性因素由技术向知识的转变。

在知识经济时代，经济增长的决定性因素更多地取决于知识的创新、传播和应用。这引发了一个无声的革命，科学研究高速发展，经济发展直接依赖于知识的创新。知识密集型产品的比例大大增加，知识型产业逐渐取代传统产业占据主导地位。知识生产率成为衡量经济增长能力的主要指标，取代了过去的劳动生产率。

在知识经济时代，需要加强两个关键的能力。首先是创造知识的能力，即促进知识的原创性和创新性。其次是将知识迅速转化为现实生产力的能力，即提高知识的转化效率。这两个能力的增强对于推动经济增长、提高产业竞争力至关重要。因此，在知识经济时代，知识创新成为经济体系中的重要动力。创新经济学强调了加强对知识创新的支持，通过提高创造知识的能力和将知识转化为实际生产力的效率，实现经济的可持续增长。这也要求大学和科研机构在科学研究方面发挥更加积极的作用，为社会和经济的发展提供创新的动力。通过深入研究知识创新，我们能够更好地理解知识在当代经济体系中的地位和作用，为推动创新经济的发展提供指导。

(二) 产业创新

产业创新，以科技创新为先导，反映了现代世界科技和产业发展的趋势。在新科技革命的基础上建立的产业创新意味着采用最新的科技成果，其技术含量更高，附加值更大，同时更为环保。产业创新不仅在于新产业本身具有更高的效益和发展前景，更为重要的是，产业竞争力成为国家和地区竞争优势的核心。

新兴产业的发展对于一个国家和地区的经济竞争力至关重要。新兴产业的涌现往往带动整个产业结构的优化和升级。国家和地区的竞争力不仅仅取决于其拥有何种产业，更关键的是是否拥有处于领先地位的新兴产业。这反映了一个国家和地区是否具备自主创新的现代产业体系，是竞争力领先的标志。

传统产业的发展同样需要创新驱动，着重在三个方面展开。采用最新科技与信息化深度融合。这意味着传统产业需要积极引入最新的科技成果，并将信息技术与其深度融合，以提升生产效率和附加值。传统产业需要转型为节能环保的绿色产业。随着环保意识的提高，传统产业必须采取绿色技术和环保措施，实现可持续发展。最后，传统产业需要进入新兴产业的产业链，实现更高层次的产业升级。

新兴产业的引入和发展使得整个产业体系更为先进，更具竞争力。国家和地区的经济增长和竞争力的提升都与其产业创新与升级的能力密切相关。

在新科技革命的背景下，产业创新不仅意味着引入最新科技，更涉及构建新的产业生态系统。这包括了科技创新的应用，以及在产业链中各个环节的创新。例如，在数字化时代，工业互联网、人工智能等新兴技术的应用将推动传统产业的数字化转型。这种全方位的创新势必影响到整个产业链，带动着产业结构的变革。

总的来说，产业创新在创新经济学中扮演着至关重要的角色。通过引入最新科技、提升技术含量、附加值和环保水平，产业创新推动着国家和地区的经济增长和竞争力的提升。新兴产业的崛起不仅带动了经济的现代化，更塑造了整个社会的发展方向。在产业创新的推动下，经济体系更加具备适应和引领未来发展的能力，为可持续发展奠定了基础。

第二节 创新经济学的历史演进

一、创新经济学研究的发端：熊彼特创新理论的创立

（一）熊彼特创新理论的创立

创新经济学的研究起源于熊彼特的创新理论，这一理论为经济学界引入了对创新的深刻思考。在18世纪，亚当·斯密、马

克思和马歇尔等经济学家虽然注意到技术创新对经济增长的影响，但他们将技术创新仅仅视为经济增长的"外生变量"。

熊彼特（J. A. Schumpeter）在他的著作《经济发展理论——对于利润、资本、信贷、利息和经济周期的考察》中首次提出了创新（innovation）的理论观点，成为第一个明确提出创新经济学理论的学者。他在20世纪30年代和40年代的著作《经济周期》《资本主义、社会主义和民主》中对创新理论进行了全面、具体的运用和发挥，形成了完善的创新理论体系。

熊彼特认为，创新就是"建立一种新的生产函数"，即引入一种从未有过的关于生产要素和生产条件的"新组合"到生产系统中。这种新组合包括引入新产品、新工艺、开辟新市场、控制原材料的新供应来源以及实现企业的新组织。这五个方面涵盖了技术创新、管理创新和市场创新等多个层面[①]。具体而言，技术创新包括引入新产品和新工艺，而管理创新则包括实现企业的新组织。另外，市场创新涵盖了开辟新市场和控制原材料的新供应来源。这些不同类型的创新相互交织，共同构成了熊彼特创新理论的核心内容。

在熊彼特看来，创新是推动经济发展的引擎。他将创新与经济周期、利润、资本等要素相结合，强调创新对于经济体系的动态变化和长期增长的重要性。创新不仅仅是技术方面的变革，还包括对企业组织、市场结构等方面的改变。

熊彼特将创新分为两个主要方面：以技术为核心的创新和由技术变化引起的组织创新。前者包括引入新产品和新工艺，而后者涉及适应技术变化的管理和市场策略的创新。这两者相互作用，共同推动着经济体系的演进。

熊彼特的创新理论为经济学提供了一种全新的视角，强调创

---

① 刘文超，李辉. 熊彼特创新经济学视角下的供给侧结构性改革［J］. 河北学刊，2018, 38（02）：150-156.

新作为经济增长的主要动力。他的理论奠定了创新经济学的基础，为后来的学者提供了丰富的研究方向。熊彼特的思想对于理解现代经济中创新的作用和影响具有重要的启示意义。

(二) 熊彼特创新经济学研究的三个理论要点

熊彼特的创新经济学研究可以概括为三个核心理论要点，这些要点深刻地阐释了创新对经济发展、企业家活动以及经济系统的变化和不断演进的重要性。

他认为，经济的发展是由创新引起的，创新是经济增长的动力和源泉。通过熊彼特的创新理论，我们能够更好地理解经济周期现象。创新的出现引发了对生产资料和银行的扩大需求，导致经济高涨；而当创新扩展到更多企业后，赢利机会减少，对生产资料和银行的需求减弱，导致经济萎缩。这形成了经济周期的四个阶段：振兴期、繁荣期、衰退期和萧条期。

他认为经济系统的均衡是一种理想状态，实际上在经济生活中永远无法达到。因此，经济发展应被理解为一种变化，而创新则是推动经济变化的主要动因。企业家在这一过程中扮演着关键角色，因为只有创新者才能成为企业家。企业家需要具备战略眼光，敢于冒创新的风险，同时还需要有组织能力，能够动员社会资金来实现生产要素的重新组合。

由于经济领域的广泛性，创新并不是单一存在的，而是涉及不同领域、多种多样的创新。这导致了经济周期呈现出长周期和短周期的差异。创新推动着资本主义经济的发展，但同时也导致一批无法创新的企业被淘汰，实现了一种"创造性的毁灭"。这意味着创新对于资本主义经济和企业的发展来说是一种必然伴随着一定程度的破坏的现象。

熊彼特的创新理论开辟了经济学研究的新领域，为非均衡经济学分析和制度学派的发展奠定了基础。然而，在创新理论的初期阶段，未能引起广泛重视。直到20世纪50年代，随着科学技术在经济增长中的作用愈发显著，人们才重新认识到技术创新在经济增长和社会发展中的巨大作用。从1980年代开始，技术创新的研究进一步深入，形成了系统的创新理论，并对企业经营活动和政府管理政策产生了直接的积极影响。

二、创新经济学研究的分野：技术创新理论与制度创新理论的形成

（一）技术创新学派的演变

创新经济学的研究在熊彼特之后逐渐形成了两个主要的分野：技术创新理论与制度创新理论，这两个方向分别由不同的学派代表着。一方面，技术创新学派以索罗、弗里曼、曼斯费尔德等为代表，从技术的变革、创新和扩散的角度对技术创新进行深入研究；另一方面，制度创新学派以道格拉斯·诺斯等为代表，将创新与制度结合起来，研究制度因素与企业技术创新以及经济效益之间的关系。

第一阶段：技术创新研究的复兴（20世纪50年代初到60年代末）。

在新技术革命的推动下，技术创新研究在20世纪50年代初到60年代末迅速复兴。此阶段的代表性成果之一是美国经济学家索罗在1956年发表的《对经济增长理论的一个贡献》和1957年发表的《技术进步与总生产函数》。索罗通过测算发现，只有存在技术进步，经济才可能持续地增长。他将产出的增长分解为资本、劳动力和技术进步的增长之和，得出结论：经济增长的根本因素是技术进步。这一成就为索罗赢得了1987年的诺贝尔经济学奖。此阶段的研究特点是主要以案例分析总结为主，尚未形成完整的理论框架。

第二阶段：技术创新的持续兴旺（20世纪70年代初至80年代中叶）。

随着技术进步在经济增长中的贡献率日益提高，技术创新的规律及其对经济增长的影响引起了广泛关注。英国经济学家弗里曼、斯通曼以及美国经济学家曼斯费尔德等代表性人物在这一阶段做出了显著贡献。弗里曼建立了第一个系统的创新经济学理论体系，斯通曼分析了技术创新扩散的路径依赖，而曼斯费尔德提出了技术模仿创新论。此时的研究逐渐深入到技术创新的理论基础问题，形成了初步的理论体系。研究方法逐渐丰富，涵盖了组织行为理论、信息理论、决策理论等多个领域。

第三阶段：技术创新的综合发展（20世纪80年代中叶起）。

在这一阶段，技术创新的研究趋向综合化发展。研究成果通过总结与描述，分析观点进行综合，归纳研究成果间的内在联系，形成新层次上的系统理论。同时，研究逐渐深入到企业组织结构与创新行为、小企业技术创新、技术创新实现问题、创新激励、创新风险决策、企业规模与创新强度相关性等专题。研究内容和成果开始对社会经济技术活动的指导产生影响。

制度创新学派以道格拉斯·诺斯为代表，强调创新与制度的结合，研究制度因素与企业技术创新、经济效益之间的关系。这一学派的兴起使得创新研究更加全面和深入。创新经济学的研究在技术创新学派和制度创新学派的发展中经历了不同阶段，逐渐形成了丰富的理论框架，为深入理解创新对经济增长和社会发展的影响提供了有力的支持。

（二）制度创新学派的演变

在创新经济学研究中，制度创新学派的发展主要由美国经济学家道格拉斯·诺斯（D. C. North）引领。1961年，诺斯出版了《1790-1860年美国经济增长》，随后陆续发表了《制度变迁与美国经济增长》（1971）、《制度、制度变迁与经济绩效》（1990）等重要著作，为制度创新学派的形成和发展奠定了基础，并于1993年获得诺贝尔经济学奖。

诺斯的研究重点集中在经济发展中的制度创新和制度安排。他将制度创新定义为对现存制度安排的一种变革，使创新者能够获得额外利益。制度创新发生的原因在于创新的预期净收益大于预期的成本，而这些收益在现存的制度安排下无法实现。因此，通过人为的、主动的变革现存制度中的阻碍因素，才有可能实现预期的收益。

在20世纪70年代，美国经济学家卡米恩（M. Kamien）和施瓦茨（N. L. Schwartz）从垄断竞争市场的角度对技术创新的过程进行了分析。他们回答了一个重要问题：什么样的市场结构对技术创新最为有利？他们认为，决定技术创新的变量包括竞争程度、企业规模和垄断力量。在市场结构的角度看，介于垄断和完全竞争之间的"中间程度的竞争"最有利于技术创新。在垄断统治条件下，由于缺乏竞争对手的威胁，不容易激发重大的技术创新。而在完全竞争的条件下，由于缺乏保障技术创新的持久收益的垄断力量，同样不利于进行重大的技术创新。

拉坦（V. W. Latan）在整合舒尔茨和诺斯等人的理论基础上，提出了一种关于制度变迁的诱致性创新理论模型。他认为，"导致技术变迁的新知识的产生是制度发展过程的结果，技术变迁反过来又代表了一个对制度变迁需求的有力来源"。基于这一前提，他将技术创新和制度创新整合在一个相互作用的逻辑框架中，应用其对技术变迁的研究方法来考察制度变迁。

当社会科学知识和相关专业领域的知识不断进步时，制度变迁的供给曲线将向右移动。社会科学和专业知识的进步降低了制度供给的成本。这一观点表明，制度变迁与技术创新之间存在相互作用，社会科学和专业知识的进步为制度变迁提供了动力，而制度变迁的发生反过来又推动了技术创新的发展。制度创新学派通过对制度因素与经济发展的关系进行深入研究，为解释经济变迁和创新提供了新的理论视角。

三、创新经济学研究的综合发展：国家创新系统理论的提出和发展

（一）国家创新系统理论的宏观学派

国家创新系统理论的雏形最早由英国经济学家弗里曼（C. Freeman）于1987年提出。他在研究日本经济时发现了国家在推动技术创新中的关键作用。弗里曼认为，为了实现经济的追赶和跨越，国家必须将技术创新与政府职能相结合，形成国家创新系统。这一理论强调从长远和动态的角度规划，充分发挥政府提供公共产品的作用，以推动产业和企业的技术不断创新。在1997年的第三版《工业创新经济学》中，他进一步系统论述了国家创新系统的特点和功能，特别强调了体制在国家创新体系中的重要作用。他认为国家创新体系是"由公私部门的机构组成的网络，它们的活动和相互作用促成、引进、修改和扩散了各种新技术"。弗里曼指出，技术的发展不仅取决于研发活动，还依赖于其他相关活动，如教育、培训、生产工艺、设计和质量控制等。

1993年，纳尔逊（R. Nelson）发表了《国家创新系统》一书，他将国家创新系统定义为"其相互作用决定着一国企业的新实绩的一整套制度"。纳尔逊强调了技术变革的必要性和制度结构的适应性，认为科学和技术的发展过程充满不确定性，因此国家创新系统中的制度安排应当具有弹性。他认为资本主义创新体系要比人们普遍认识到的更为复杂，也远比现有经济模型所描述的更为复杂。尽管资本主义创新体系并非最优，但它在保留了产业创新的利润动机的同时，通过大学等机构和政府的资助，使技术的很大部分成为公有，从而在很大程度上避免了私有化的损失。纳尔逊的观点强调了资本主义创新体系的体制效率较高，同时解决了制度设计的问题。这一阶段的国家创新系统理论强调了国家在推动技术创新中的关键作用，强调了公共和私人部门之间

的协同作用，使得国家能够更好地应对不确定性和推动经济发展。

(二) 国家创新系统的微观学派

以伦德瓦尔（B. A. Lundvall）为代表的一些经济学家从微观组成的角度出发，深入研究国家创新系统，特别关注用户和生产厂商之间的相互关系。伦德瓦尔认为，国家创新体系是一个由各种构成要素及其相互关系组成的创新系统，涉及新且经济有用的知识的生产、扩散和应用过程。这一体系包括了位于或植根于一个国家边界之内的各种构成要素及其相互关系。他将国家创新体系看作是一个社会系统，其中心活动是学习，而学习是一种社会活动，包括了参与技术创新过程的人们之间的相互作用。此外，国家创新体系也是一种动态工程，具有正反馈和再生产的特征。

国家创新系统包含的要素既有狭义上的，也有广义上的。狭义的国家创新体系包括与研究、开发密切相关的机构设置和制度安排，如大学、研究开发部门等；而广义的国家创新体系则包括所有能够影响学习、研究、创新的经济结构和经济制度。伦德瓦尔认为，国家之所以重要，是因为地理和文化差距是阻碍用户与生产者之间相互作用的重要因素，而国家作为这种相互作用的框架具有关键作用。这也解释了不同国家创新体系表现为不同发展方式的原因。

伦德瓦尔进一步区分了狭义和广义的国家创新体系。前者主要包括参与研究和探索过程的机构和组织，如研究开发部门、技术研究所和大学等；后者则包括经济结构的各个部分和方面，以及能够影响学习和研究探索的研究机构，如生产系统、营销系统和金融系统等。政府和公共部门在国家创新体系中扮演着重要角色，其影响范围限定于国家疆界之内。因此，研究国家创新体系的重点反映了国家在民族经济、制度结构和文化方面的独特性。不同国家的历史经验、语言、文化等差异都会在企业内部组织、企业间关系、公共部门作用、金融部门制度结构以及研究开发强度和组织等方面表现出来，对国家创新体系的运作产生重要影响。这些差异和关系对于理解国家创新体系的运作机制至关重要。

（三）国家创新系统的综合学派

在国家创新系统的综合学派中，美国经济学家波特（M. Porter）在经济全球化的背景下，进行了对国家创新系统微观机制和宏观绩效的联系考察。他强调国家竞争力反映在企业的创新能力基础上，政府在此过程中应该为国内企业创造一个适宜的、鼓励创新的政策环境。

波特指出，影响一国竞争力的主要因素包括生产要素条件、影响资本市场和教育的政策、因产品和工艺标准变化而改变的需求状况，以及相关产业和支撑产业、企业战略与竞争结构等。这四个要素之间的协同作用，再加上政府和机遇的辅助作用，共同塑造了一国的竞争优势。生产要素条件是国家竞争力的基础，其中包括劳动力、土地、自然资源等。政府的政策对于资本市场和教育体系的建设具有至关重要的影响，这直接关系到创新的支持和人才的培养。需求状况的变化也是国家竞争力的重要因素，产品和工艺标准的变化会推动企业进行创新，以适应市场的需求。相关产业和支撑产业的发展对于国家竞争力同样至关重要。这包括供应链上的协同作用，各个产业之间的互补关系。同时，企业战略与竞争结构也是决定国家竞争优势的重要因素。

波特认为，政府在国家创新系统中的作用是关键的。政府应该制定鼓励创新的政策，为企业提供支持和引导，以促进国家竞争力的提升。政府的作用包括法规、财政激励、科研基础设施建设等方面，通过政策的引导来促进产业的创新和发展。

国家创新系统的综合学派强调各个要素之间的协同作用，将微观机制和宏观绩效相结合，认为国家的竞争优势是多个要素共同作用的结果。波特的理论为国家在全球经济中提升竞争力提供了一种综合的视角，引导政府和企业更好地进行创新和竞争。

第三节　创新经济学的主要研究方法

一、定性研究法

（一）深度访谈

定性研究在创新经济学领域中扮演着重要的角色，其中深度访谈是一种常用的方法。深度访谈通过与创新者、企业家、决策者等直接交流，深入挖掘他们的经验、观念和动机，提供了对创新过程及其影响因素更为细致和深入的理解。深度访谈作为定性研究的一种方法，在创新经济学领域中被广泛应用。其方法论基础在于通过与受访者进行面对面的、开放性的对话，获取他们独特的、丰富的经验和见解。这种研究方法注重参与者的主观体验，帮助研究者深入理解创新者的思考过程、决策逻辑以及创新行为背后的动机。

在创新经济学的研究中，深度访谈的应用领域广泛，涵盖了创新者、企业家、政策制定者等多个层面。通过与这些关键参与者的对话，研究者能够了解创新的驱动力、创新过程中的关键决策、面临的挑战以及成功或失败的经验教训。深度访谈也常用于研究政府对创新的支持政策、产业界的创新战略等方面，为深刻理解创新生态系统提供了有力的工具。

深度访谈的优势在于其能够深入挖掘个体的经验和观点，提供丰富的、细致入微的数据。这种贴近实际、关注个体的研究方式有助于揭示创新过程中的非正式因素、人际关系、组织文化等方面的重要影响。通过深度访谈，研究者能够捕捉到那些仅通过定量研究难以捕捉到的复杂、多样的创新动因和行为模式。

通过与实际参与创新的个体对话，研究者能够从实践中提炼出新的理论观点，并在后续研究中进行验证。这有助于构建更为贴近实际、具有实践指导意义的创新理论框架。深度访谈也存在受访者主观性的局限、样本的局限性以及研究者主观解读的可能性。为克服这些挑战，研究者通常采取多种研究方法相结合的策略，以确保研究结果的科学性和可靠性。

深度访谈在创新经济学的研究中发挥着重要作用，为研究者提供了深入了解创新过程及其影响因素的独特途径。通过与创新相关的关键参与者进行对话，研究者能够深刻理解创新的本质、创新者的心理与行为，并为制定更有效的创新政策和战略提供有力支持。

（二）焦点小组

焦点小组是一种基于小组讨论的研究方法，旨在深入探讨特定主题或问题，并通过交流、讨论和反思来获取参与者的观点、看法和经验。焦点小组通常由一名主持人引导，围绕特定话题邀请一小组参与者进行讨论，以收集深入的见解和意见。

在研究领域，焦点小组被广泛运用于调查研究、市场研究、社会科学研究等各个领域。它不仅可以帮助研究者深入了解人们的态度、观念和行为，还可以促进参与者之间的交流和合作，从而产生更为丰富和全面的研究成果。

参与者可以自由发表意见，交流观点，不受预设框架的限制，这有助于挖掘出更多的信息和见解。此外，焦点小组还能够促进参与者之间的互动和碰撞，从而激发出更多的创新和想法。

研究者可以深入了解人们对特定话题的看法和态度，探索问题背后的原因和动机，从而为相关领域的决策和实践提供参考和建议。同时，焦点小组也可以帮助参与者更好地认识自己的观点和态度，促进个人和集体的成长和发展。

总之，焦点小组作为一种研究方法，在调查研究、市场研究、社会科学研究等领域发挥着重要作用。它通过交流、讨论和反思，深入探讨特定话题或问题，为研究者提供了获取深入见解和意见的途径，促进了参与者之间的互动和合作，从而为相关领域的决策和实践提供了参考和建议。

二、调查和实证研究法

（一）问卷调查

问卷调查作为创新经济学研究中的主要调查和实证研究方法，是通过设计问卷并广泛发放，收集参与者的定量数据，以揭示创新活动、创新政策和创新影响等方面的实证情况。问卷调查在创新经济学研究中具有坚实的方法学基础。通过设计结构化问卷，研究者能够系统地收集参与者的意见、看法和经验，使得数据可量化，从而实现对创新经济学相关问题的量化分析。问卷设计的科学性和严谨性对确保研究的信度和效度至关重要，同时也为后续的统计分析提供了可靠的数据基础。

通过问卷调查，研究者可以深入了解参与者对创新活动的态度、参与程度以及对创新政策效果的感知。此外，问卷调查还常用于衡量创新对企业绩效、市场竞争力等方面的影响，为创新经济学理论的实证验证提供了有力支持。

相比其他研究方法，问卷调查具有成本较低、覆盖范围广泛的特点，可以在相对短的时间内获取大规模的参与者反馈。这种高效性使得研究者能够迅速获取实证数据，并在更短的时间内完成研究目标。问卷调查还有助于构建全面的实证基础，为创新经济学的理论构建提供实际的支持。通过收集大量的定量数据，研究者能够进行统计分析，揭示创新活动、创新政策和创新绩效之间的关联关系，为理论的推断和验证提供客观的依据。问卷调查的结果还可以用于制定具体的政策建议，为创新经济学领域的实际应用提供指导。

第一章 创新经济学概述

然而，问卷调查也存在一些问题，如样本偏差、回收率低等问题可能影响研究结果的可靠性。因此，在进行问卷调查时，研究者需要注意样本的代表性、问卷设计的科学性，并结合其他研究方法进行综合分析，以提高研究结论的可信度。

问卷调查作为创新经济学的主要调查和实证研究方法，通过收集大量的定量数据，为创新经济学的理论构建和政策制定提供了实证基础。其高效性、广泛性和可量化的特点使其在研究创新活动、创新政策和创新绩效等方面发挥着重要作用。

(二) 实地观察

实地观察是创新经济学中调查和实证研究的重要方法之一，它通过直接观察研究对象的实际情况，收集翔实的实证数据，以深入理解创新活动、制度安排和创新影响等方面的现实现象。实地观察是一种贴近实际、深入了解研究对象的研究方法。创新经济学关注创新的发生、推动和影响，实地观察为研究者提供了直接感知创新现场的机会。通过亲身走访、观察和记录，研究者可以深入了解创新过程中的细节、参与者的互动以及制度安排的实际运作，从而获取更为全面和真实的数据。

相较于问卷调查等方法，实地观察能够更直接地捕捉到研究对象的真实行为和情境，避免了因受访者主观主义或回忆偏差而引起的信息失真。通过亲身参与或观察创新现场，研究者可以更准确地把握创新过程中的关键节点、决策因素和相互关系，为后续分析提供高质量的实证数据。实地观察有助于发现未被发现的因素和现象。创新经济学研究往往需要深度挖掘创新活动的内在机制和影响因素，而这些因素不一定能通过传统的问卷或统计数据获取。实地观察使研究者能够发现一些未被关注或未被记录的重要细节，丰富了研究视角，使研究更具深度和广度。实地观察有助于理论构建和验证。通过在实际场景中观察创新活动的动态过程，研究者能够更好地理解各种因素之间的关系，并提炼出创新经济学的理论框架。实地观察所得到的实证数据可以用于验证理论假设的有效性，从而推动创新经济学理论的不断演进。

在进行实地观察时，研究者需要投入更多的时间和精力，且由于实地观察的个案性质，样本的控制难度较大。因此，在选择实地观察作为研究方法时，研究者需要慎重考虑研究目标、资源投入和数据可行性等因素。

实地观察是创新经济学调查和实证研究中一种重要的研究方法，其优势在于提供直观、深入、真实的实证数据，为深入理解创新现象和构建创新经济学理论提供有力支持。

三、统计分析主要方法

（一）回归分析

回归分析是创新经济学中统计分析的主要方法之一，它通过建立数学模型，分析不同变量之间的关系，揭示创新活动、制度安排和经济效益等方面的规律。回归分析是一种统计工具，广泛应用于创新经济学研究中，其主要目的是通过建立数学模型，揭示变量之间的关系并量化其影响程度。在创新经济学领域，研究者经常需要了解不同因素对创新活动和经济效益的影响，回归分析为实现这一目标提供了有力的手段。

通过构建回归模型，研究者可以了解不同因素对创新经济活动的影响程度以及它们之间的相互关系。例如，可以分析制度安排、研发投入、市场竞争等因素对企业创新产出的影响，进而确定哪些因素对创新起到积极作用。回归分析可以用于预测和解释创新经济现象。通过建立合适的回归模型，研究者可以对未来创新活动、经济绩效等进行预测。同时，通过模型的系数解释，可以深入了解各个因素对创新的贡献程度，有助于制定相关政策和战略。回归分析支持因果推断。虽然相关性不代表因果关系，但在一定条件下，回归分析可以帮助研究者进行因果推断。通过引入控制变量，剔除混杂因素的影响，研究者可以更加可靠地判断某一因素对创新经济现象的实质性影响。回归分析还适用于探索变量之间的非线性关系、交互作用等复杂情况。在创新经济学中，往往存在多个影响创新的因素，它们之间可能存在复杂的关系，回归分析通过引入交互项等方法，有助于深入挖掘这些复杂关系。

回归分析也有一些局限性，例如对模型设定的敏感性、数据质量的要求较高等。在使用回归分析时，研究者需要谨慎选择模型设定和变量选择，以确保分析结果的稳健性和可靠性。

回归分析作为创新经济学的统计分析主要方法之一，为深入理解创新活动与经济效益之间的关系提供了有效的工具。通过结合实际研究问题，研究者可以灵活运用回归分析，推动创新经济学的理论和实证研究不断发展。

（二）趋势分析

趋势分析作为创新经济学中的统计分析方法，主要关注随时间推移变量的演变趋势，通过对数据序列的观察和分析，揭示创新活动、经济发展等方面的长期演进规律。趋势分析是一种基于时间序列数据的统计方法，旨在捕捉变量在时间上的演变趋势。在创新经济学领域，趋势分析被广泛应用于研究创新活动、经济绩效等随时间变化的规律，为深入理解创新与经济发展提供了重要的分析手段。趋势分析能够揭示长期演进趋势。通过对时间序列数据的趋势分析，研究者可以识别出创新活动、科技进步等方面的长期趋势，了解创新过程中的持续性变化。例如，可以通过分析研发投入、专利数量等指标的趋势，推断创新水平的长期演进趋势，为未来政策制定提供参考。趋势分析有助于预测未来发展方向。通过建立时间序列模型，研究者可以对未来的创新活动、经济绩效等进行趋势性预测。这对于政府、企业等决策者制定长期战略和政策非常重要，有助于迎接未来创新挑战和机遇。

趋势分析可以识别周期性变化。在创新经济学中，经济和创新活动往往存在一定的周期性，趋势分析可以帮助研究者发现这种周期性变化，进而理解经济和创新的波动规律。这有助于制定反周期性的政策和战略，提高经济和创新体系的抗风险能力。趋势分析还可用于识别异常点和拐点。通过对趋势的分析，可以辨识出数据序列中的异常点和拐点，帮助研究者理解创新体系的突发事件和变革时刻。这对于深化对创新经济现象的理解和应对不确定性具有重要意义。

趋势分析也存在一些限制，例如对数据的平滑处理可能导致信息的损失，对长期趋势的准确把握需要谨慎处理。在实际应用中，研究者需要结合具体问题，选择合适的趋势分析方法，确保分析结果的可靠性和有效性。趋势分析作为创新经济学的统计分析方法之一，为揭示创新与经济发展的长期规律提供了有力工具。通过对时间序列数据的敏感观察和分析，趋势分析促进了对创新经济现象的深入理解，为制定相关政策和战略提供了科学依据。

第四节　创新经济学的理论框架

一、技术驱动理论

（一）技术驱动理论的含义

技术驱动理论强调技术变革和科技创新在经济增长中的关键作用。根据这一理论，经济长期增长主要受新技术的引领，技术创新不仅提高生产效率和降低成本，而且推动产业升级和新兴行业的兴起。技术驱动理论认为，创新不仅改变现有生产方式，还催生新的产业形态，推动整个经济体向更高水平迈进。这一理论突显了技术创新的动态和累积效应，将科技的持续进步视为经济演进的主导力量，同时强调政府在创新过程中的积极角色。总体而言，技术驱动理论为解释经济长期增长提供了深刻的理论观点，强调了技术创新在推动现代经济发展中的不可或缺的作用。

（二）技术驱动理论的内容

技术驱动理论是创新经济学中的核心理论之一，其内容涵盖了对技术创新在经济发展中的作用、驱动机制以及对产业结构和增长的影响等方面的深入研究。技术驱动理论强调技术创新对经济增长的重要性。该理论认为，技术创新是推动经济长期增长的主导力量，通过引入新的生产技术、工艺和产品，提高了生产效率、降低了成本，从而促使整个经济体实现可持续的增长。这种创新不仅改变了企业的生产方式，还引领了产业结构的演变和经济结构的升级。它探讨了技术创新是如何发生、传播和演进的，涵盖了从研发阶段到市场应用的整个创新过程。理论强调创新的动态性和累积效应，认为过去的技术创新为新一轮创新提供了基础，形成了技术演进的路径依赖。它指出技术创新不仅推动了原有产业的发展，还催生了新的产业形态，引导了经济的结构变革。这种结构性的变化在长期内对整体经济增长和竞争力产生深远的影响。

理论认为，政府在提供科研经费、制定创新政策、建立研发机构等方面发挥着关键作用，有助于创造有利于技术创新的环境和条件。技术驱动理论通过深入研究技术创新的方方面面，为我们理解经济增长、产业演进以及政府在创新中的角色提供了系统而全面的理论框架。这一理论在解释和引导当代经济发展中的创新活动方面具有重要的理论和政策启示。

二、国家创新系统理论

（一）国家创新系统理论的含义

国家创新系统理论是创新经济学的关键理论之一，其核心含义在于强调一个国家内部各种组成要素之间相互作用的网络结构，以推动技术创新和促进经济增长。该理论强调政府、产业、学术界等多元主体的合作与协同，形成一个相互关联的系统，共同推动新知识的生成、传播和应用。国家创新系统理论认为，创新不仅仅依赖于企业和市场的行为，而且需要政府在提供公共产品、引导研发投资和制定相应政策方面发挥积极作用。这一理论框架强调整个国家体系的协同效应，使各要素能够共同参与并促进科技创新，为国家经济的可持续增长提供支持。

（二）国家创新系统理论的内容

国家创新系统理论的内容涉及国家内部各组成要素的相互关系、互动机制以及对创新的共同推动。这一理论主张将创新视为一个系统性的过程，需要政府、产业、学术界等多元主体之间紧密合作，形成一个有机的网络结构。

政府被视为系统的组织者和推动者，通过提供公共产品、引导研发投资、制定激励政策等手段，创造良好的创新环境。政府在整个创新体系中扮演着协调和引导的角色，以确保资源的有效配置和创新活动的有序进行。

产业、学术界、企业等在创新过程中形成紧密的合作网络，共同推动知识的生成、传播和应用。这种协同作用有助于形成创新生态系统，提高整个国家的创新水平。

制度安排对于创新的推动和引导起着关键作用，包括法规政策、知识产权保护、金融体系等。这些制度安排直接影响着创新者的行为和创新环境的塑造，因此在国家创新系统中需要注重制度的完善和协调。

国家创新系统理论提供了一个全面的视角，将创新看作是一个系统性的、相互关联的过程。通过强调政府的积极作用、各组成要素之间的协同合作以及制度的重要性，这一理论框架为理解和促进创新提供了深刻的理论指导。

三、创新演化论

（一）创新演化论的含义

创新演化论强调创新不是孤立事件，而是一个渐进演化的过程，随着时间的推移，通过多层次的互动和适应，创新得以形成和发展。这一理论认为创新是一个动态的、复杂的系统，涉及多个参与者、各种因素和不断变化的环境。创新演化论关注创新的历史演变和发展路径，强调了技术、制度、文化等要素的相互影响。创新并非突然产生，而是通过长时间的积累和演化逐步形成。在这个演化过程中，不同的创新元素相互作用，形成新的组合和结构，推动创新的不断演进。这一理论框架强调创新的非线性和不确定性，强调了历史、文化和环境对创新的塑造作用。通过深入研究创新的演化轨迹，揭示出创新活动中的路径依赖、复杂性和多样性，有助于更全面地理解创新现象。创新演化论提供了一种更动态、更历史感的视角，使我们能够更好地理解创新的本质和发展规律。这一理论有助于揭示创新的深层次机制，为制定创新政策和推动经济发展提供了有益的启示。

（二）创新演化论的内容

创新演化论是一种理论框架，通过对创新的历史演变和发展路径进行深入研究，旨在揭示创新活动的动态、复杂性和非线性特征。这一理论关注创新的渐进性演化，认为创新并非孤立事件，而是一个在时间和空间中逐渐演化的过程。

过去的创新决策和选择会对当前的创新方向和结果产生深远的影响。这种路径依赖性使得创新演化呈现出一种渐进的、非线性的发展趋势，对历史和经验的依赖性影响了创新的方向和速度。

创新不是由单一因素决定的，而是涉及多个层次、多个参与者的复杂系统。技术、制度、文化等各种因素相互交织，形成创新的动态网络。这一复杂性使得创新的过程具有多样性和不确定性,需要深入理解创新系统的内在结构和互动机制。

技术和制度是创新演化的两个重要维度,它们相互影响、相互适应,共同塑造着创新的发展轨迹。技术的变化可能引发制度的调整,而制度的演化又会反过来影响技术的选择和应用。这种技术和制度的相互作用使得创新演化过程更为复杂和多元。

创新并非孤立于特定地点,而是受到地域文化、社会结构等因素的影响。地域性创新系统的形成和演化与地方特色、文化传统等密切相关。社会性因素如合作、竞争、知识传播等也在创新演化中发挥着重要作用。

创新演化论提供了一种更为动态、历史感的创新理论框架,有助于深刻理解创新的本质和演进规律。通过对创新过程中的路径、复杂性、技术与制度相互作用以及地域社会因素的考察,创新演化论为制定科学的创新政策和推动可持续发展提供了深刻的理论洞见。

第二章 创新与经济增长

第一节 创新对经济增长的理论模型

一、经济增长模型

（一）技术进步与生产要素投入

创新对经济增长的理论模型中，技术进步与生产要素投入是一个关键的方面。经济增长模型通常涉及描述经济体如何利用技术进步和有效地配置生产要素以实现长期增长的理论框架。以下是一个简要的论述，深入探讨了技术进步和生产要素投入在经济增长模型中的角色。

在经济学中，技术进步不仅仅指新发明的产生，还包括对生产过程的改进、创新管理和组织形式的变革等。技术进步能够提高生产效率，降低生产成本，促使企业更好地应对市场竞争。经济增长模型中的技术进步常常被建模为一种外生变量，即不受其他经济因素的直接影响。这种建模方式旨在捕捉技术进步对整个经济体系的全面影响。

与技术进步密切相关的是生产要素投入，包括劳动力、资本和自然资源等。这些要素的有效配置对经济增长至关重要。例如，通过提高劳动力的素质和技能水平，可以提高生产率；通过增加资本投资，可以扩大生产规模。生产要素投入模型通常通过生产函数来描述，该函数表达了输出与劳动力、资本等要素之间的关系。在这种模型中,技术进步往往被视为生产函数的参数,反映技术水平的提高对生产要素的影响。

在现代经济增长理论中,内生增长模型强调技术进步和人力资本的内在动力。技术进步不再被视为外生因素,而是由经济体内部的创新活动推动的。这种模型认为,通过投资于研发、教育和培训,经济体可以自主地推动技术进步,从而实现可持续的经济增长。这也意味着政府政策和制度环境对于激发创新活动和提高人力资本水平至关重要。

技术进步作为生产要素的驱动力,通过提高生产效率和降低成本推动经济增长。同时,合理有效地配置生产要素也为技术进步提供了支持和发挥的空间。在制定经济政策和发展战略时,深刻理解和充分利用技术进步与生产要素投入之间的关系,将有助于实现可持续、稳健的经济增长。

(二) 短期与长期效应

创新对经济增长的理论模型涉及短期和长期效应,这两个时间维度在经济增长研究中起着至关重要的作用。在短期内,创新可能会导致瞬时的经济波动,而在长期内,创新则可能成为实现可持续经济增长的根本力量。

新技术、新产品的推出以及企业的创新活动可能在初期导致市场的不确定性和变动。企业在采用新技术时可能需要进行调整和转型,这可能导致某些行业的不景气,同时也可能催生新兴产业。短期内,创新的效应可能在经济体系内表现为一种动荡的状态,需要适应期来平稳过渡。政府和企业需要制定合适的政策和战略,以缓解短期内创新可能带来的负面冲击,促进经济的平稳运行。

在长期内,创新则被视为实现经济增长的基础。新技术的引入和应用可以提高生产率、降低成本,从而推动整个经济体系的长期增长。长期内,创新不仅仅是一时的冲击,更是经济可持续发展的源泉。经济增长模型中的长期效应通常通过内生增长理论来解释，该理论强调技术进步和人力资本的积累是长期经济增长的主要动力。长期内，创新不仅涉及技术层面，还包括制度、组织和文化等方面的创新，这些方面共同推动了社会经济结构的不断演进。

对于政策制定者而言，在短期和长期效应的平衡上需要谨慎权衡。短期内，政府可能需要通过财政政策和产业政策来支持创新，减缓可能出现的不稳定因素。而在长期内，政策的焦点应该放在创新体系的建设、教育体系的完善以及科研机构的支持上，以确保长期内经济的可持续增长。此外，建立良好的创新生态系统，促进企业、学术界和政府之间的紧密合作，也是实现长期创新效应的关键。

创新对经济增长的短期和长期效应相辅相成。在短期内，创新可能带来波动和不确定性，需要通过灵活的政策来应对；而在长期内，创新则成为经济增长的主要引擎，需要通过长期而有针对性的政策来支持和促进。深入理解创新对不同时间维度的影响，有助于更有效地引导和推动经济的可持续发展。

二、创新扩散模型

（一）创新传播网络

创新扩散模型是研究创新如何在社会中传播和影响的理论框架，其中创新传播网络是一个关键的概念。创新扩散模型强调创新是如何从初始创新者传播到其他个体、企业或社群，并最终在整个社会中产生影响的过程。创新传播网络则描述了参与创新传播的各种关系和连接，对于理解创新如何在社会中扩散具有深远的意义。创新传播网络涉及创新者与其他个体或组织之间的联系。这些联系可以是直接的合作关系，也可以是间接的信息传递、观念共享等。创新者通常在网络中扮演着核心的角色，他们通过与其他具有相关兴趣或专业领域的个体建立联系，促使创新的传播。这种网络结构有助于形成信息传递的通道，推动创新在社会中的迅速传播。

不同的个体或组织在创新传播网络中拥有不同的资源、经验和知识，这种异质性促使创新能够在更广泛的领域内得到接受和应用。网络中的节点之间的互补性关系有助于跨越不同领域和行业，使创新得以在更大范围内传播。这些个体在网络中可能具有更大的影响力和说服力，他们的态度和行为对于创新的传播起到关键的作用。这也强调了在创新扩散过程中，个体之间的信任和社会影响力的重要性。有时候，一位领袖的支持或采纳可以迅速引起整个网络中的创新传播浪潮。

创新的传播通常是一个渐进的过程，需要一定的时间来在网络中传播并影响更广泛的社会。同时，地理位置和距离也可能影响创新的传播速度和范围。因此，在创新传播网络中，时间和空间的维度需要被纳入考虑，以更好地理解创新如何在社会中扩散。创新传播网络是创新扩散模型中的重要组成部分，通过揭示创新者、个体之间的联系、异质性、意见领袖的作用以及时间、空间的因素，有助于深入理解创新如何在社会中传播和产生影响。对于制定促进创新传播的政策和策略，深入了解创新传播网络的结构和机制是至关重要的。

（二）技术扩散

创新扩散模型中的技术扩散是一个关键概念，它涉及新技术如何在社会中传播和被采纳的过程。技术扩散的理论模型通常揭示了创新的传播路径、影响因素以及采纳者的行为，从而有助于理解技术是如何在经济中产生广泛影响的。

在技术扩散过程中，创新通常起源于一些先行者或技术领先者，然后通过各种渠道传播给其他的采纳者。这一传播路径可以是垂直的，即在同一产业或领域内的传播，也可以是水平的，即

第二章　创新与经济增长

跨越不同行业或领域的传播。理解技术扩散的传播路径有助于政府和企业更有针对性地促进技术的广泛采纳。技术扩散涉及影响采纳者决策的因素。这些因素包括技术本身的特性、采纳者的特征、市场环境等。技术的相对优越性、可观察性、试错成本等特性都可能影响采纳者的决策。采纳者的特征包括其组织结构、资源状况、风险偏好等，这些因素决定了其对技术采纳的意愿和能力。同时，市场环境的竞争程度、政策支持等也会对技术扩散产生影响。

在技术扩散模型中，创新的采纳者通常被划分为不同的类别，例如创新者、早期采纳者、主流采纳者和滞后采纳者等。这一分类有助于理解技术在不同阶段的采纳情况，同时也提供了政策制定者指导促进采纳的方向。创新者通常是最早采纳新技术的组织或个体，而滞后采纳者可能需要额外的激励或支持来降低采纳的难度。技术扩散还需要考虑社会的制度和文化因素。社会中的价值观念、制度环境和文化传统对技术扩散的影响是不可忽视的。有些社会可能更加开放和接受新技术，而有些社会可能因为传统观念、制度障碍等而相对保守。因此，在技术扩散模型中，理解社会背景对采纳过程的塑造作用，有助于更好地预测和促进技术的广泛应用。

通过深入探讨技术扩散的传播路径、影响因素、采纳者的行为以及社会制度和文化的作用，我们可以更好地理解创新如何在社会中产生广泛影响，从而为政府、企业和研究机构提供有力的指导，促进科技进步对经济增长的积极影响。

第二节　创新与长期经济增长的关系

一、创新是长期经济增长的动力

（一）创新提高生产率

创新作为长期经济增长的动力，其最显著的影响之一是通过提高生产率来推动经济的可持续增长。创新不仅仅是新产品、新技术的引入，更包括对生产过程、管理方式和组织结构的改进。

新的生产技术、工艺和方法的引入能够使生产更为高效、节约成本。自动化、数字化和智能化等先进技术的运用，使得生产过程更加精密、快速，减少了人力投入和生产周期，从而有效提高了生产效率。通过不断创新生产方式，企业能够更有效地利用资源，降低生产成本，进而实现更高水平的生产率。

新产品的推出往往带动了相关产业链的发展，创造了新的就业机会和市场需求。这种创新带来的需求增长可以推动企业扩大规模，提高产出，进而对整体经济产生积极影响。例如，信息技术的创新推动了互联网产业的发展，创造了新的数字经济时代，为整体经济注入了新的动力[1]。

新技术的引入通常伴随着对员工培训和技能提升的需求，这有助于提高劳动力素质和技能水平。同时，创新也鼓励企业增加对先进设备和技术的投资，优化资本的使用效率。通过提高劳动力和资本的质量，创新进一步推动了生产要素的有效配置，为经济的长期增长奠定了基础。

新的管理理念和组织模式的引入能够使企业更加灵活、适应

---

[1] 刘思远. 马克思主义经济学视角下企业产品创新机制——评《产品创新经济学：马克思主义经济学的解释》[J]. 科技进步与对策，2020，37（21）：163.

变化更快，提高决策效率。创新的管理方式强调团队协作、创造性思维和灵活性，有助于激发员工的创新潜力，从而推动企业整体生产力的提升。

一个行业中的创新通常会激发其他相关行业的发展，形成产业链的技术升级。这种技术溢出效应有助于推动整个经济的技术进步和生产力的提升。例如，新能源技术的创新不仅影响了能源行业本身，还对制造业、交通运输等多个领域产生了深远的影响。

创新不仅改善了生产过程、拓展了市场需求，还促进了劳动力和资本的有效配置，影响了组织管理方式，并在不同产业之间形成了技术溢出效应。深刻理解创新如何提高生产率，有助于政府、企业和研究机构更好地制定战略，推动科技创新，实现可持续、稳健的经济增长。

（二）创新推动着经济结构的演变

创新作为长期经济增长的动力，其影响不仅局限于提高生产率，还在推动着经济结构的演变过程中发挥着关键作用。创新不仅引入新产品和技术，更深刻地塑造了产业格局、企业组织形式和劳动力市场的结构。

新技术的引入和创新的应用往往导致一些行业的兴起和壮大，同时可能推动传统产业的凋零。这种产业结构的动态演变使得经济更加适应当代科技和市场需求。例如，信息技术的创新引领了数字经济时代的到来，改变了传统产业的运作方式，促使新兴产业的崛起，从而深刻地重塑了整个产业结构。

新的管理理念和组织方式的出现推动了企业适应更加灵活的市场环境。创新激发了企业对于团队协作、创新思维和灵活性的需求，引导企业更加注重员工的培训和技能提升。这种企业内部结构的变革有助于企业更好地适应快速变化的市场条件，提高生产效率和竞争力。

新兴产业和技术的崛起通常伴随着对特定技能和知识的需求增加。这推动了劳动力市场中技术工人、知识型人才的需求上升。同时，一些传统劳动力市场可能会面临减少需求或结构性调整的挑战。创新的推动使劳动力市场更加分工明确、专业化程度提高，对教育体系提出了新的要求。

新技术的应用和产业的升级通常需要全球范围内的资源整合和协同合作。企业跨足国际市场，形成全球价值链，推动了全球经济结构的重新塑造。这种全球化的趋势在信息技术、生物技术等高新技术领域尤为明显，使得各国在全球分工中发挥不同的优势。

（三）创造新产业和就业机会

创新作为长期经济增长的动力，其关键之一是通过创造新产业和就业机会，为经济体提供了持续的增长动能。新技术、新产品的涌现以及创新活动的推动，不仅引领了产业结构的演进，还创造了大量的就业机会，为经济体提供了新的增长引擎。

新技术的引入往往催生了一系列新产业，涉及先进制造业、信息技术、生物技术等领域。这些新兴产业不仅带动了相关产业链的发展，还为整个经济体提供了更为丰富和多样化的产业结构。例如，数字经济的崛起，推动了云计算、人工智能、大数据等新产业的兴起，为经济增长注入了新的动能。

新兴产业和先进技术的发展通常需要高素质、高技能的劳动力，从而推动了对知识型、技术型人才的需求上升。这种需求的提升不仅改变了就业市场的结构，还促使了教育体系的升级和技能培训的加强。通过提供更高附加值的工作机会，创新不仅带动了经济的增长，同时也提高了劳动力的生产力和收入水平。

新技术和市场机会的出现激发了企业家精神，创业者通过创新活动追求市场份额的扩大和盈利的增长。创业型企业通常更加灵活、创新，有助于推动产业结构的更新和优化。这些新兴企业

第二章 创新与经济增长

也成了就业的重要来源，为经济体提供了更多的工作岗位。

通过引入新技术、改进生产流程、提高产品质量，传统产业得以提升竞争力，从而保持市场份额并创造更多的就业机会。创新的影响不仅局限于新兴产业，还渗透到传统产业中，使其更具活力和竞争力。

新技术、新产品的涌现不仅带动了新兴产业的发展，还改变了就业市场的结构，提高了劳动力的素质和技能需求。创新也促进了创业和创新型企业的涌现，使得经济更加灵活、创新。通过深入理解创新对新产业和就业的推动作用，政府、企业和研究机构可以更好地制定战略，实现经济可持续增长的目标。

二、长期经济增长为创新提供物质基础

（一）长期经济增长为创新提供资本积累

长期经济增长为创新提供了资本积累的重要物质基础。经济的持续增长不仅提高了社会总体的财富水平，也为创新活动提供了更多的资源和资本支持。在这一过程中，资本积累不仅仅是财务资本的积累，还包括人力资本、技术资本和组织资本等多个层面。

随着国民经济规模的扩大，企业和个人拥有更多的财富积累，从而有更多的资金用于投资和创新活动。财务资本的增加使得企业能够更容易融资，进行研发和创新项目。投资者对未来经济增长的预期也会提高，进一步促进资本流动，形成更为活跃的投资环境，为创新提供了充分的资金保障。

人力资本是创新过程中至关重要的组成部分，它包括了员工的知识、技能和经验。随着经济的不断发展，教育和培训体系也得到了加强，人们的受教育水平不断提高。高素质的劳动力有助于更好地理解和应用新知识，促进技术的创新。因此，长期经济增长为创新提供了更加丰富和高质量的人力资本，为创新活动提

供了坚实的智力支持。

技术资本包括科研机构的设备、实验室、专利等，是支持科技创新的物质基础。随着经济的发展，科研投入逐渐增加，科技基础设施不断完善。企业和研究机构在长期经济增长的过程中积累了大量的技术资本，为创新提供了必要的硬件和软件支持。这为新技术的研发和应用奠定了坚实基础，推动了经济的创新能力不断提升。

组织资本包括企业内部的管理体系、组织文化和合作关系等，对于推动创新至关重要。随着企业规模的扩大和竞争环境的变化，组织资本得以不断积累和优化。健全的组织结构和高效的管理模式有助于激发员工的创新潜力，推动企业更加灵活地应对市场的变化，从而促进创新的发生和传播。

（二）长期经济增长有助于培育创新的文化氛围

长期经济增长不仅为创新提供了物质基础，同时也在社会中培育了一种有利于创新的文化氛围。这样的文化氛围涵盖了价值观念、社会认同、教育体系和社会风气等多个方面，共同促使人们更加愿意接受新观念、追求创新，并为创新提供了更加广泛的社会支持。

当社会总体财富水平提升时，人们更容易接受新事物，更加愿意尝试创新。相对富裕的社会为创新提供了更多的发展空间和资源，人们更有动力和信心去追求新的思想和实践。这种开放的社会氛围有助于培养人们对于创新的积极态度，使创新成为社会的一种价值追求。

经济的繁荣为教育提供了更多的投资和资源，使得教育体系更加普及和多元化。高质量的教育培养了更多具有创新能力的人才，激发了年轻一代的创新潜力。同时，教育体系的发展也为人们提供了更多获取新知识的途径，加强了社会的创新基础。

经济的繁荣常常伴随着竞争激烈的市场环境，企业和个人需

第二章　创新与经济增长

要不断创新以保持竞争力。这种市场压力迫使人们不断寻求创新和改进，激发了创新的动力。同时，成功创新者在社会中往往受到高度的认可和尊重，这进一步激发了其他人追求创新的意愿。这种社会风气使创新成为一种受人尊重和推崇的行为，为创新提供了社会认同和支持。

信息的快速流通使得新的观念、新的知识能够更迅速地传播到社会各个角落。这种信息的广泛传播促使人们更容易获取到创新的灵感和信息，有利于知识的创新和交流。同时，互联网和社交媒体等平台提供了人们分享创新成果和经验的机会，进一步促进了创新文化的形成和传播。

经济的繁荣为人们提供了更多尝试创新的机会，同时也使得社会更加理解和接受创新过程中的风险和失败。这种宽容的态度有助于鼓励人们更勇于创新，愿意冒险尝试新的思路和方法。在这种文化氛围下，创新者更容易得到社会的支持，从而更有动力去探索未知领域，推动创新的发展。

长期经济增长为创新提供了有利的文化氛围，包括社会的开放和包容、教育体系的发展、鼓励创新的社会风气、信息技术的进步以及对风险和失败的宽容态度。这样的文化氛围在推动创新活动中起到了积极的作用，培育了创新的土壤，为社会的持续发展提供了强大的动力和支持。深刻理解这一文化氛围对创新的影响，有助于更好地引导创新活动，推动社会经济的繁荣与进步。

（三）长期经济增长提升创新的人力资本水平

长期经济增长不仅为创新提供了物质基础，而且在提升创新的人力资本水平方面发挥了至关重要的作用。人力资本是指一个社会或组织中的劳动者所拥有的知识、技能、经验和健康状况等方面的资本。随着经济的不断发展，人们在受教育水平、职业技能和创新能力等方面都得到了提升，从而为创新活动提供了强大的智力支持。

随着国民经济规模的扩大，政府和社会投入更多的资源用于教育领域。高质量的教育体系不仅提高了整体人口的受教育水平，还培养了更多具备创新能力的人才。受过良好教育的人群更具有开阔的视野、创新的思维方式以及解决问题的能力，为创新提供了人力资本的基础。

随着产业结构的升级和科技进步，新兴产业和行业的涌现对劳动力提出了更高的要求。为了适应新的生产方式和技术需求，劳动者需要不断提升自己的职业技能。长期经济增长为人们提供了更多的机会参与职业培训和终身学习，使得整体劳动力水平不断提高，从而促进了创新的发生和传播。

随着产业结构的多元化和经济的广泛发展，人们在职业选择上有更多的空间和可能性。这促使了人们更加倾向于选择符合自身兴趣和能力的职业领域，进而提高了工作者的专业素养和创新能力。职业多样性的增加使得不同领域的专业人才能够相互交流和合作，为跨学科创新提供了更为广泛的合作基础。

在繁荣的经济环境中，人们更加愿意追求个人价值的实现，更加重视创新和创业。经济的繁荣为个体提供了更多的机会，鼓励了人们敢于冒险、勇于尝试新事物。这种创新意识的培养和创业精神的激发有助于形成积极向上的创新文化，推动社会不断迈向更为创新的未来。

全球化的经济使得人们更容易跨足国际，参与到国际化的学术和职业领域中。国际间的人才流动促使不同文化、不同背景的人们汇聚在一起，形成多元化的知识体系和创新网络。这种国际间的知识交流有助于推动全球范围内的创新活动，为解决全球性问题提供了更为广泛的智力支持。

长期经济增长提升了创新的人力资本水平，包括教育水平的提高、职业技能的升级、职业多样性的增加、创新意识和创业精神的培养，以及全球范围内的人才流动和知识交流。这一系列的变化为创新活动提供了强大的人力资本支持，推动了社会整体创新能力的提升。深刻理解这一关系有助于更好地引导人才培养和教育体系建设，促进创新的繁荣与进步。

第三节 创新政策对经济增长的影响

一、创新政策促进研发投资

创新政策在经济增长中的作用是至关重要的，其中创新政策促进研发投资是其中一个重要方面。通过制定一系列激励措施和支持政策，政府能够推动企业增加对研发活动的投资，从而推动科技创新，提高生产力，促进经济增长。

政府可以通过设立研发资金、科技创新基金等方式向企业提供直接的财政支持，降低其研发活动的经济负担。此外，采取税收优惠政策，如研发税收抵免、研发费用加计扣除等，能够有效降低企业的税收负担，鼓励其加大对研发的投入。这样的财政支持措施有助于激发企业的研发积极性，提高其创新活动的水平，进而推动科技进步和产业升级。政府可以投资兴建研发中心、实验室等科研基础设施，为企业提供高水平的研究平台。同时，政府还可以加强对人才的引进和培养，提高研发人员的素质和数量。这样的创新体系能够为企业提供更为良好的研发环境，鼓励其进行更为深入和创新性的研究，推动科技创新成果的产生。

创新政策通过建立知识产权保护体系，保护企业的创新成果，提高其研发投资的回报预期。政府可以制定和完善专利法、商标法等法律法规，强化知识产权的保护，防止创新成果被恶意仿制，确保企业能够充分享有其研发所创造的价值。这种知识产权的保护机制能够有效地激励企业加大对研发的投入，增强其进行创新活动的积极性，提高经济体系的整体创新水平。政府可以建立科技园区、孵化器等创新平台，为企业提供创新资源和孵化服务。加强政企合作，推动科技创新成果从实验室走向市场，将研发投资更好地转化为经济增长的动力。政府可以通过激励措施和产业政策，引导企业在先进制造业、生物技术、新能源等领域进行创新，从而推动相关产业的发展，提高整体产业水平，促进经济的良性增长。

创新政策通过促进研发投资，为企业提供财政支持、建立创新体系、强化知识产权保护、加强产学研用结合以及制定产业政策等手段，能够有效激发企业的创新活力，推动科技进步，提高生产力水平，从而对经济增长产生积极而深远的影响。这种创新政策的推动作用有助于经济体系更好地适应科技发展的趋势，保持竞争力，实现可持续发展。

二、创新政策有助于加强科技成果与市场需求的对接

创新政策在促进经济增长中的另一个关键方面是其有助于加强科技成果与市场需求的对接。通过制定相关政策，政府能够引导企业更好地将科技研发成果与市场需求相结合，推动科技成果的应用和转化，实现科技创新对经济的积极影响。政府可以设立科技创新基金、科技孵化器等机构，为企业提供创新创业的资金支持和场地资源，以满足市场的不断变化需求。通过这种方式，企业更容易将研发投入集中于满足市场需求的项目上，提高科技成果的市场适应性，推动科技成果更好地为经济增长服务。

政府可以鼓励高校、研究院等科研机构与企业开展联合研发项目，将科研成果更好地转化为实际生产力。这种紧密的产学研用结合有助于科研机构更加关注市场需求，使科研成果更具实际应用价值，推动科技创新成果更快地走向市场。政府可以通过加强专利保护、商标保护等手段，确保企业对其创新成果的独占权益。这种知识产权的强化有助于提高企业对科技成果的产权保护

信心，使其更加愿意将研发成果引入市场，推动科技创新更好地服务于市场需求。政府可以通过激励措施，如税收优惠、贷款支持等，鼓励企业在具有市场潜力的新兴领域进行研发。这种有针对性的支持能够使科技创新更加贴合市场需求，促进相关产业的发展，推动整体经济的增长。

创新政策可以通过建立创新创业生态系统，为创新企业提供更好的发展环境。政府可以设立创业孵化器、科技园区等创新平台，为初创企业提供资源整合、政策支持等方面的帮助。这种生态系统的建立有助于降低创业企业的创业风险，激发创新者的创业热情，推动更多科技成果成功地转化为市场应用。创新政策有助于加强科技成果与市场需求的对接，通过建立科技创新支持体系、促进产学研用结合、完善知识产权保护、制定产业政策以及建立创新创业生态系统等手段，能够更好地满足市场的需求，推动科技创新更好地服务于经济的发展。这种对接机制有助于提高科技成果的市场化程度，推动产业结构的升级，从而推动整体经济的可持续增长。

三、创新政策为经济增长构建创新生态系统

创新政策在促进经济增长中的第三个关键方面是其为经济增长构建创新生态系统。通过制定综合性的政策措施，政府能够创建良好的创新环境，激发创新主体的活力，推动科技成果的转化和应用，从而为经济的可持续发展奠定坚实基础。创新政策可以通过建立创新平台和科技园区，为创新主体提供共享资源和服务。政府可以设立科技创新基地、创新孵化器等创新平台，为企业和研究机构提供办公场地、实验室设备等共享资源，促进不同创新主体之间的合作和交流。科技园区则是一个集聚创新企业和机构的地区，提供专业化的服务和支持，形成创新生态系统的核心节点，加速科技成果的孵化和转化。创新政策可以通过激励措

施,如奖励机制和创新基金,吸引更多的创新者参与创新活动。政府可以设立科技奖励,对在科研和创新领域取得杰出成就的团队和个人给予奖励,以激发创新者的积极性。创新基金则可以提供资金支持,帮助创新企业渡过初创阶段的资金困难,推动更多创新项目的实施。这些激励措施有助于构建创新者的良性竞争环境,推动创新生态系统的形成。

创新政策可以通过加强人才培养和引进机制,构建高水平的创新人才队伍。政府可以投资兴建高水平的研究机构和实验室,提供优厚的薪酬和福利待遇,吸引国内外高水平的科研人才。同时,加强对青年科技人才的培养和引进,为年轻一代提供更多的发展机会和平台。构建高水平的创新人才队伍是创新生态系统的重要组成部分,为科技创新提供了强有力的支持。创新政策可以通过建立知识产权保护体系,保护创新者的合法权益,促进科技成果的流通和应用。政府可以加强专利、商标等知识产权的保护,为创新者提供法律保障,鼓励其进行更加积极的创新活动。这种保护机制有助于构建创新生态系统的信任环境,提高创新者的创新热情,推动科技成果更广泛地应用于市场。

创新政策还可以通过国际合作和开放创新,促进全球创新资源的共享。政府可以鼓励企业和研究机构与国际合作,加强科技创新成果的国际交流和共享。开放创新不仅能够促进科技创新的跨国合作,还有助于吸引全球优秀创新者参与国内创新生态系统,推动国内创新水平的提高。创新政策通过构建创新平台、激励措施、人才培养和引进、知识产权保护、国际合作等多方面手段,为经济增长构建了有利于创新的生态系统。这样的创新生态系统有助于激发创新主体的活力,促进科技成果的转化和应用,推动整体经济的可持续增长。政府在构建创新生态系统中的引导作用是不可或缺的,其综合性政策措施将为经济的繁荣与进步提供坚实的支撑。

四、创新政策为创新者提供合法的保护措施

创新政策在促进创新活动的同时,也为创新者提供了合法的保护措施,以鼓励他们进行创新并保护其创新成果。这些保护措施涵盖了知识产权保护、技术转移、资金支持和法律法规等方面,为创新者提供了必要的支持和保障。

知识产权包括专利、商标、版权等,是创新者保护创新成果的法律工具。创新政策通过完善知识产权法律法规、建立知识产权保护体系,加强知识产权的监管和执法力度,为创新者提供了法律保护和技术保密的手段,鼓励他们积极进行创新活动。

技术转移是指将技术成果从研究机构或企业转移到市场上进行商业化运用的过程。创新政策通过建立技术转移中心、设立技术转移基金等措施,为创新者提供了技术转移的平台和支持,帮助他们将创新成果转化为市场价值,并保护其在转移过程中的技术权益。

创新活动需要投入大量的研发资金和人力资源,而创新者往往面临资金短缺的困境。创新政策通过设立创新基金、科技创新专项资金等方式,向创新者提供资金支持,帮助他们开展创新活动,提高创新的成功率和效率,保护其创新成果的利益。

创新政策还通过法律法规等手段为创新者提供了保护措施。例如,对于技术窃密、商业间谍等侵权行为,创新政策强化了法律法规的制定和执行,保护创新者的合法权益,维护市场秩序,为创新活动提供了稳定的法治环境。创新政策在促进创新活动的同时,也为创新者提供了合法的保护措施。这些保护措施涵盖了知识产权保护、技术转移、资金支持和法律法规等方面,为创新者提供了必要的支持和保障,鼓励他们积极进行创新活动,推动经济社会的持续发展。

第四节 创新与收入分配的经济学分析

一、创新对生产要素的影响

(一) 长期经济增长为创新提供资本积累

长期经济增长与创新之间存在着密切的相互作用关系,其中长期经济增长为创新提供资本积累是至关重要的。长期经济增长是指经济长期内持续增长的趋势,而创新则是推动经济长期增长的重要驱动力之一。在这种相互作用下,长期经济增长不仅为创新提供了资本积累,同时创新又促进了经济的长期增长,二者相辅相成,共同推动着经济的发展。经济长期增长意味着经济体规模不断扩大,市场规模逐渐增大,企业利润增加。这种情况下,企业和个人有更多的资金用于研发投入、技术创新和生产设备更新,从而为创新提供了必要的资本积累。例如,随着经济的增长,企业可以获得更多的利润用于研发投入,政府也可以增加对科技创新的资金支持,促进创新活动的开展。

随着经济的不断增长,人们的生活水平提高,对创新的需求也越来越迫切。政府和企业为了满足市场需求,会加大对科技创新和技术进步的投入,提高创新的积极性和活跃度。同时,长期经济增长还会带来更加完善的市场体系和法律法规,加强知识产权保护,降低创新风险,为创新提供了良好的制度保障和环境支持。随着经济的不断发展,市场需求不断扩大,对产品和服务的创新需求也在不断增加。在这种情况下,企业为了满足市场需求,必须不断进行技术创新和产品创新,提高产品的竞争力和市场份额。同时,长期经济增长也会创造出更多的就业机会和创业机会,吸引更多的人才从事创新活动,推动创新的不断发展和壮大。

长期经济增长为创新提供了资本积累，促进了创新活动的开展和发展。经济的长期增长为创新提供了资金支持、制度保障、市场需求和人才支持等多方面的条件，为创新提供了丰富的资源和机遇，推动了经济的不断创新和进步。因此，长期经济增长与创新之间的相互作用是促进经济发展的重要动力之一，对于实现经济可持续增长和提高经济竞争力具有重要意义。

（二）长期经济增长有助于培育创新的文化氛围

长期经济增长在创新对生产要素的影响中，扮演了培育创新的文化氛围的重要角色。创新文化的形成与长期经济增长相互影响，经济的繁荣促进了创新文化的培育，而创新文化的鼓励则反过来推动了经济的长期发展。

经济的不断发展推动了科技进步和知识的积累，为创新提供了广泛的知识基础。人们在长期经济繁荣中更容易获取到先进的科学技术、管理经验等信息，促使创新者在这些基础上进行更深入的研究和创新活动。这种知识的传递与分享为创新文化的培育提供了土壤，推动了创新活动的蓬勃发展。

在繁荣的经济环境中，企业和个体更有动力去追求创新，因为创新往往带来更高的收益和竞争优势。这种激励机制通过市场竞争、专利保护、科技奖励等形式存在，鼓励创新者敢于冒险、投入更多资源进行创新活动。长期经济增长下形成的积极激励机制为创新文化的形成创造了有利条件，使创新成为一种受到社会认可和奖励的行为。

经济的繁荣通常伴随着社会的开放和进步，这种宽松的社会环境为创新提供了更大的舞台。人们在这样的环境中更加倾向于接受新观念、尊重创新者，使得创新者更容易受到社会的认可和支持。长期经济增长带来的社会进步有助于创新文化的形成，使创新者能够在更自由的环境中发挥创造力。

　　政府和企业在繁荣的时期更愿意投资于科研、教育和文化产业，为创新文化的培育提供了更为丰富的资源。科研机构、高校、文化产业等在长期经济增长中得到更多的发展机会，为创新文化的培育提供了多样化的发展路径。这种全方位的支持为创新文化提供了更为稳定和可持续的发展基础。

　　长期经济增长有助于培育创新的文化氛围，通过提供丰富的知识和信息资源、积极的激励机制、宽松的社会环境以及更多的投资和支持。这种文化氛围为创新者提供了更为有利的条件，推动了创新活动的不断开展。在这样的文化氛围中，创新成为一种受到重视和鼓励的社会行为，为生产要素的提升和经济的长期发展奠定了坚实的基础。因此，理解长期经济增长如何有助于培育创新的文化氛围，对于深入探讨创新与收入分配的经济学分析至关重要。

（三）长期经济增长提升创新的人力资本水平

　　长期经济增长在创新对生产要素的影响中，发挥了提升创新的人力资本水平的关键作用。人力资本作为创新的重要因素，受到经济长期增长的影响，通过推动教育、培训和专业化的提升，为创新提供了更高水平的人才支持。

　　在繁荣的经济环境下，政府和企业更愿意投入更多资源用于教育领域，促进教育的普及和提升。高水平的教育体系培养了更多的高素质人才，提供了广泛的知识基础和专业技能，为创新提供了更强大的人力资本。受过良好教育的人才更容易在创新领域发挥作用，推动科技进步和产业升级。

　　企业在繁荣的经济条件下更倾向于为员工提供培训和进修的机会，以适应不断变化的市场需求和科技进步。这种技能提升为创新者提供了更为专业和实用的知识，使其更具备应对复杂问题和推动创新的能力。高水平的人才培训有助于构建创新团队，为创新活动提供有力支持。

在经济繁荣的背景下，人们更倾向于选择专业领域深耕，并发展出独特的技能和专业知识。这种专业化和特长化使得人才更具创新性，能够在狭窄领域内深入研究，为创新提供更深层次的支持。创新活动往往需要多领域的专业知识协同合作，而长期经济增长为形成这样的跨学科团队提供了条件。

繁荣的经济条件吸引了更多的国际高端人才来到国内从事创新活动，推动了国际间的人才合作与交流。这种国际化的人才流动不仅为本国的创新提供了新的思路和视角，也加强了国际合作，推动了全球创新水平的提高。

长期经济增长通过推动教育体系的全面发展、加强人才培训和技能提升、促进专业化和特长化以及推动国际人才流动与合作等方式，提升了创新的人力资本水平。这种人力资本的提升为创新活动提供了更为强大的支持，促使创新者具备更高水平的知识和技能，推动了科技进步和产业升级。因此，理解长期经济增长如何提升创新的人力资本水平，对于深入探讨创新与收入分配的经济学分析至关重要。

二、创新对劳动力市场的变化影响

（一）创新创造就业机会，提升工资水平

创新对劳动力市场的变化产生深远的影响，其中之一是通过创造就业机会和提升工资水平，促进了劳动力市场的积极变化。创新不仅推动了新兴产业和就业领域的崛起，还提高了劳动者的技能需求，从而推动了工资水平的提升。

新技术的引入和产业结构的升级为劳动力市场提供了更多的岗位需求，尤其是在高技术领域和创新驱动的产业中。从信息技

术到生物技术，创新催生了新的职业、新的企业，为劳动力市场带来了多样化和丰富的就业机会。这种就业机会的增加有助于减缓失业率，提高劳动力市场的整体就业水平。

随着技术的不断创新，许多行业采用了先进的生产工具和管理系统，使得工作过程更加智能化和高效。提高的生产效率意味着企业能够支付更高的工资水平，因为劳动者的生产贡献得到了更大的认可。这种工资水平的提升不仅改善了劳动者的生活水平，还激发了更多人投入到高附加值的创新型产业中，形成了良性循环。

新兴技术和产业的发展对劳动力市场提出了更高的技能要求，劳动者需要不断学习和适应新的知识体系。这种技能的升级使得劳动者更具竞争力，更容易找到高薪且稳定的工作机会。同时，这也促使了教育体系的发展，为劳动者提供更多的培训和学习机会，使其更好地适应创新经济的要求。

创业者和自主劳动者通过创新活动，不仅实现了自身的职业发展，还为劳动力市场注入了更多的活力和竞争力。这种创新引导的创业浪潮为劳动者提供了更多选择的可能性，从而提升了整个劳动力市场的灵活性。

创新通过创造就业机会、提升工资水平、推动技能和知识的升级以及促进创业和自主劳动力的崛起等途径，积极影响了劳动力市场的变化。这种变化不仅带来了更多的就业机会和更高的工资水平，也推动了劳动者的职业发展和市场竞争力的提升。因此，理解创新对劳动力市场的这些积极影响，对于深入探讨创新与收入分配的经济学分析具有重要意义。

（二）创新催生新兴产业和职业，改变劳动力市场的需求和供给关系

创新在劳动力市场的变化中发挥着重要作用，特别是通过催生新兴产业和职业，从而改变了劳动力市场的需求和供给关系。新技术的引入和产业结构的升级促使了新型职业的涌现，同时对传统职业提出了新的要求，引领着劳动力市场的变革。

随着科技的不断进步，新兴产业如人工智能、生物技术、可再生能源等逐渐崭露头角。这些新兴产业不仅创造了全新的产业链，更为劳动力市场提供了一系列新型职业。例如，人工智能领域崛起了机器学习工程师、数据科学家等职业，生物技术推动了基因工程师、生物信息学家等职业的兴起。这种创新引发的新职业需求改变了劳动力市场的结构，为有相关专业技能的劳动者提供了更广泛的就业机会。创新对传统职业提出了新的技能和素质要求，推动了劳动力市场的供给端的升级。随着技术的发展，许多传统职业需要适应数字化、自动化和信息化的趋势，劳动者需要具备更高水平的科技和数字化技能。例如，在制造业中，智能制造技术的推动使得工人需要具备更高程度的数字化技能和工程知识。这种技能的升级不仅提高了劳动者的市场竞争力，也为他们在新兴产业中找到更具挑战性和高薪水的职业提供了可能性。

随着新兴产业的兴起，对于专业化和技术化的人才需求日益增加。教育机构为了适应这种变化，加强了对相关专业领域的培训和教育，培养更多适应新兴产业需求的专业人才。这种教育体系的调整有助于提高劳动力市场的整体素质和适应性，为创新型职业的崛起提供了更多的人才支持。新技术的普及推动了远程办公、灵活工作等新型工作方式的兴起。这种灵活性不仅改变了人们对于工作的认知，也为更多人创造了远程或自由职业的机会。

创新带来的工作方式的多样化，改变了传统的就业模式，为劳动力市场提供了更为灵活和个性化的选择。

　　新型职业的涌现、传统职业的技能升级、教育体系的调整以及工作方式的转变，都在推动劳动力市场向着更加适应科技发展和创新的方向发展。这种劳动力市场的变化不仅为劳动者提供了更广泛的职业选择，也为经济结构的升级和社会的可持续发展提供了动力。因此，理解创新如何通过这些方式改变劳动力市场，对于深入探讨创新与收入分配的经济学分析具有重要意义。

第三章 市场竞争与创新经济学

第一节 市场竞争与创新的理论联系

一、市场竞争是激励企业进行创新的主要动力之一

(一) 竞争压力驱动创新

市场竞争被视为激励企业进行创新的主要动力之一。竞争的压力推动企业不断寻求创新，以保持竞争力、提高效率和满足不断变化的市场需求。这种竞争驱动的创新在市场经济中发挥着重要的角色。

在激烈的市场竞争中，企业需要找到突破口以区别于竞争对手，吸引消费者的注意并赢得市场份额。为了达到这一目标，企业被迫进行创新，不仅在产品和服务上寻求独特性，还在生产、营销和管理等方面寻求创新性的解决方案。这样的创新不仅有助于企业在竞争中脱颖而出，还推动了整个产业的进步和升级。在竞争激烈的市场中，企业必须寻求提高生产效率、优化资源利用的方法，以降低成本并提供更具竞争力的价格。这种效率驱动的创新涉及生产流程的改进、技术的应用以及管理方法的创新。通过不断追求效率和降低成本，企业能够在市场上更具价格竞争力，提高盈利水平，并满足消费者对更高性价比的需求。

市场竞争的激烈性意味着市场需求和消费者偏好不断发生变化。为了在这种动态环境中生存并保持竞争力，企业需要灵活适

应市场的变化。这种适应性的创新包括对新技术、新趋势和新市场的敏感性，以及对产品和服务的及时调整。通过不断适应市场变化，企业能够更好地满足消费者的需求，确保产品和服务的市场地位。为了保持技术领先地位，企业必须不断投入研发，推动科技创新，提供更先进、更高质量的产品和服务。这种技术创新不仅有助于提高企业的市场份额，还推动了整个行业的技术水平的提升。企业之间的竞争推动了科技的迅速发展，为社会带来了更多的创新成果。

竞争压力被视为激励企业进行创新的主要动力，因为在激烈的市场竞争中，企业需要不断寻求差异化、提高效率、适应市场变化以及进行研发和科技创新，以保持竞争力并获得市场份额。这种竞争驱动的创新不仅推动了企业的发展，也为整个经济体系的进步和繁荣提供了动力。

（二）市场竞争促使效率提升

市场竞争被视为激励企业进行创新的主要动力之一，其中之一关键方面是竞争促使企业不断提升效率。在竞争激烈的市场环境中，企业为了生存和取得竞争优势，被迫不断寻求提高生产效率的创新性解决方案。

在为争夺市场份额而进行激烈竞争的过程中，企业不断寻求新的生产技术和工艺，以提高生产线的效率和降低生产成本。例如，引入自动化设备、采用先进的制造工艺等创新性举措，能够大幅提高生产效率，使企业在相同的资源投入下能够生产更多的产品，从而提升竞争力。在市场竞争中，资源的合理利用成为关键因素，企业需要寻求更有效的方法来配置人力、资金和物料等资源。通过引入先进的管理技术和生产计划系统，企业能够更加灵活地响应市场需求，避免资源的浪费，实现生产要素的最佳组合，从而提高整体效率。

为了应对市场的变化和客户需求的不断演变，企业需要构建更灵活、更高效的供应链系统。通过采用创新的供应链技术，如物联网、大数据分析等，企业能够更好地监测和管理供应链中的各个环节，实现更快速、更精准的供应链响应。这种创新性的供应链管理有助于降低库存成本、提高交货速度，从而提高整体效率。企业为了在竞争激烈的市场中脱颖而出，需要更好地了解消费者需求，精准制定营销策略。通过采用创新的市场调研、数字营销和销售技术，企业能够更迅速地适应市场变化，提高产品和服务的市场吸引力，实现市场份额的提升。

通过技术和工艺的创新、资源配置的优化、供应链管理的创新以及市场营销策略的精准制定，企业能够更好地适应竞争环境，提高生产效率，获得竞争优势。这种效率的提升不仅使企业更具竞争力，也有助于整个市场的发展和经济的繁荣。因此，理解市场竞争如何促使企业效率提升，对于深入探讨市场竞争与创新的理论联系具有重要意义。

二、消费者需求推动创新

（一）消费者需求本质上是创新的源泉之一

消费者需求被视为创新的源泉之一，其本质上在市场竞争中推动着企业进行创新。消费者需求的变化和多样性激发了企业寻求新的解决方案和产品，以满足不断演变的市场需求。

当消费者对某一产品或服务的需求发生变化或出现新的趋势时，企业为了保持市场份额和吸引消费者，被迫寻求创新性的解决方案。例如，随着健康意识的提升，消费者对于健康食品和生活方式的需求增加，推动了食品产业推出更多天然、有机的创新产品。市场上存在各种各样的消费者群体，其需求差异显著。企业为了迎合不同群体的需求，必须提供多样化、个性化的产品和服务。这样的差异化创新不仅满足了不同消费者的需求，还为企业带来了更广泛的市场覆盖。例如，智能手机市场因为消费者对于不同功能和设计的需求，推动了各大手机厂商推陈出新，推出不同特色的产品。

通过消费者的反馈，企业能够更准确地了解市场需求的动态变化和消费者对产品的期望。这种反馈机制激发了企业进行持续创新，不断改进产品和服务，以提高产品质量、功能性和用户体验。例如，通过消费者的评价和反馈，软件公司能够不断更新和改进其应用程序，以满足用户的需求并保持竞争力。企业通过深入洞察消费者的需求，有机会发现新的市场机会并推出创新性产品。消费者对新兴科技、新的生活方式、社会趋势等的需求推动了一系列新市场的形成。例如，共享经济的兴起就是源于消费者对于更灵活、共享资源的需求，推动了一系列创新性的共享服务和平台的出现。

消费者需求本质上是创新的源泉之一。其变化和多样性激发了企业寻求新的解决方案、推陈出新的动力。差异化创新、持续改进和优化、新市场的开发等都是由于消费者需求的不断演变而推动的。因此，理解消费者需求如何成为创新的源泉，对于深入探讨市场竞争与创新的理论联系具有重要意义。

（二）消费者需求是市场导向创新的核心

消费者需求作为市场导向创新的核心，在推动企业创新活动中发挥着至关重要的角色。市场竞争激烈的背景下，企业迫切需要满足消费者的需求，以保持竞争力并取得市场份额。

企业在市场中的定位和成功与否，直接取决于其能否准确洞察并满足消费者的需求。通过深入了解市场，企业能够发现潜在的、未被满足的需求，从而有针对性地开展创新活动。例如，智能家居产品的兴起正是因为企业捕捉到了消费者对便利、智能化生活的需求，推动了相关技术和产品的创新。

市场导向创新通过持续的市场调研和消费者反馈，使企业能够更加敏锐地捕捉市场变化。消费者需求的动态变化和新兴趋势成为企业创新的重要线索。通过与消费者的互动和反馈机制，企业能够更快速地了解市场的新需求、新期望，及时调整产品和服务策略，保持与市场的同步发展。这种敏感性和快速响应的能力使企业更具竞争优势。

在市场竞争激烈的情境下，企业需要更多地关注不同消费者群体的独特需求。通过推崇个性化产品和服务的创新，企业能够吸引更广泛的客户群体，提高市场份额。例如，定制化的产品和服务、个性化的购物体验等都是因为企业深入了解和回应消费者个性需求而进行的创新。

通过深入了解消费者需求，企业能够更好地设计产品和服务，以提供更优质、更符合用户期望的体验。这种注重用户体验的创新不仅可以提高产品的市场竞争力，还有助于建立品牌忠诚度。例如，手机厂商通过了解用户对于便捷、快速、智能等方面的需求，推动了手机功能和设计的创新，提升了用户体验。

消费者需求作为市场导向创新的核心，对企业的创新活动产生深远影响。通过直接引导产品研发、快速响应市场变化、差异化创新以及注重用户体验，企业能够更好地适应市场竞争的压力，保持竞争优势。这种市场导向的创新不仅满足了消费者的需求，也推动了整个市场的不断发展和进步。因此，理解消费者需求如何成为市场导向创新的核心，对于深入探讨市场竞争与创新的理论联系具有重要意义。

三、创新带来竞争优势

（一）创新使企业能够在技术方面取得领先地位

创新被认为是企业在市场竞争中取得领先地位的重要因素之一，尤其是在技术方面。创新不仅是推动技术进步的动力，还能够为企业带来独特的竞争优势。

通过持续的研发和创新活动，企业能够引入新的技术、工艺和方法，从而不断提高自身技术水平。这种技术上的不断进步使企业能够更好地适应市场的变化，满足消费者不断升级的需求，从而在技术上保持领先地位。例如，科技公司通过不断推陈出新的研发工作，推动了硬件和软件技术的发展，保持了在技术市场的领先地位。

在市场竞争中，拥有独特、领先的产品技术是企业获得竞争优势的重要途径。通过引入新技术，改进产品设计和功能，企业能够推出更具创新性和竞争力的产品。例如，汽车制造商通过引入新的燃油技术、自动驾驶技术等，推动了汽车产品的技术差异化，提升了市场竞争力。

通过持续的研发投入和创新活动，企业能够积累丰富的研发经验和知识储备，形成独特的技术核心能力。这种核心竞争力不仅使企业在技术上更具竞争力，还为其在市场上创造持久的竞争优势。例如，药品制造公司通过不断的药物研发和创新，建立了强大的研发能力，使其在医药市场上占据领先地位。

通过建立与供应商、合作伙伴和研究机构的紧密合作，企业能够构建完整的技术生态系统，加速技术的迭代和传播。这种协同创新的方式使企业更容易获取外部的技术资源和知识，提高了技术创新的速度和广度。例如，科技公司通过与初创企业、研究机构的合作，形成了完善的技术生态系统，推动了技术创新的快速发展。创新使企业能够在技术方面取得领先地位，为其在市场竞争中赢得竞争优势提供了坚实的基础。通过推动技术水平的提升、实现技术差异化、建立核心竞争力和形成技术生态系统，企业能够在不断变化的市场环境中更好地适应和引领技术潮流。因此，理解创新如何使企业在技术方面取得领先地位，对于深入探讨市场竞争与创新的理论联系具有重要意义。

（二）创新提高企业生产效率和降低成本

创新不仅在技术方面带来竞争优势，而且通过提高企业生产

第三章 市场竞争与创新经济学

效率和降低成本，进一步巩固了其在市场竞争中的地位。创新在生产过程中的应用，包括新的生产技术、先进的制造工艺和管理方法，能够有效提高生产效率，从而为企业创造经济效益，加强竞争力。

通过采用自动化设备、物联网技术、人工智能等先进技术，企业能够实现生产流程的智能化和自动化，从而大幅提高生产效率。这种高效的生产方式不仅能够减少生产周期，提高产量，还能够降低劳动力成本，使企业更具竞争力。例如，制造业的数字化转型和智能制造的推动，使得企业能够更灵活地应对市场需求，实现高效生产。通过优化生产流程、减少能源和原材料的浪费，企业能够实现成本的有效控制。新的制造工艺不仅提高了生产效率，还降低了资源消耗，使企业在同等质量的情况下能够更经济地生产产品。例如，采用环保材料、循环利用资源的创新性制造工艺，有助于企业降低生产成本，提高可持续性。

创新在管理方法上的运用有助于提升企业的整体效能。通过引入先进的管理理念和工具，如精益生产、六西格玛等，企业能够更好地组织生产过程、优化供应链管理，从而提高整体运营效率。这种高效的管理方法不仅能够降低生产和管理成本，还有助于提高产品质量，满足市场需求。例如，通过实施精益生产，企业能够及时发现并解决生产过程中的浪费，提高生产效率，降低生产成本。创新还能够通过数字化技术的应用，实现企业信息化管理，提高决策效率。通过实时监控生产过程、分析市场数据，企业能够更及时地做出决策，提高对市场变化的应对能力。数字化的信息管理不仅提高了企业内部沟通效率，还能够减少决策的盲目性，使企业更具敏捷性和竞争优势。

创新提高了企业的生产效率和降低了成本，为企业在市场竞争中赢得竞争优势创造了有利条件。通过引入先进的生产技术、新的制造工艺、高效的管理方法以及数字化的信息管理，企业能够更加灵活、高效地运营，从而在市场竞争中占据有利地位。因此，理解创新如何提高企业生产效率和降低成本，对于深入探讨市场竞争与创新的理论联系具有重要意义。

第二节　创新市场的结构和动态

一、创新市场的结构

（一）竞争程度

创新市场的竞争程度是指市场中存在多少竞争者以及它们之间的相互关系，对于创新活动的开展和企业在市场中的表现具有重要影响。竞争程度主要包括市场竞争的激烈程度、参与者的数量以及市场结构的特征。

在高度竞争的创新市场中，企业面临来自多个竞争者的挑战，竞争关系更加激烈。这种竞争激烈的环境促使企业加大研发投入、提高创新速度，以争夺市场份额和保持竞争优势。相反，在低度竞争的市场中，少数企业可能会垄断市场资源，但也可能面临创新动力不足的问题。因此，创新市场的竞争激烈程度对于企业的创新动力和市场表现具有直接的影响。

当创新市场中存在大量参与者时，市场竞争通常更加激烈。这样的市场结构鼓励企业不断寻求差异化的创新，以在竞争中脱颖而出。相反，如果市场参与者较少，市场可能更容易形成垄断或寡头垄断的情况，但这可能导致创新动力不足，缺乏新的创新思路。因此，创新市场的参与者数量直接关系到创新市场的活力和竞争格局。

市场结构包括市场的横向和纵向结构。在横向结构上，创新市场的竞争程度受到同类产品或服务的替代品程度的影响。如果市场上存在多种替代品，企业需要更加创新以区别于竞争对手。

在纵向结构上，整个供应链的竞争格局也会影响创新市场的竞争程度。如果整个供应链上的企业都积极参与创新，市场将更具活力，反之则可能出现创新滞后的情况。

高度竞争的市场环境鼓励企业加大创新投入，不断寻求差异化竞争优势。然而，竞争过于激烈可能导致企业陷入价格战，影响利润。因此，企业需要根据创新市场的竞争程度灵活调整创新策略，找到适合自身的创新路径，以取得竞争优势。因此，深入理解创新市场的竞争程度对于企业在创新活动中的决策和表现至关重要。

（二）市场集中度

市场集中度是创新市场结构的一个关键方面，它反映了市场上主导者的数量以及它们在市场中的相对份额。市场集中度高意味着市场被少数几家企业垄断，而市场集中度低则意味着市场上有许多竞争者分散竞争。对于创新市场而言，市场集中度的高低直接影响着创新动力、市场竞争以及企业的创新策略。

高市场集中度可能导致垄断或寡头垄断的情况，由少数几家主导者主导市场。在这种情况下，主导者拥有更多的资源和市场份额，但也可能因缺乏竞争刺激而减少创新动力。主导者可能面临较低的竞争压力，降低了他们在创新方面的紧迫性。因此，高市场集中度需要监管机构关注，以防止垄断导致创新活动不足，损害市场公平和消费者利益。

低市场集中度意味着市场上有更多的竞争者，各自占据相对较小的份额。这种竞争结构可能激发更多的创新活动，因为企业需要通过不断创新来寻求竞争优势，以便在分散的市场中脱颖而出。竞争者之间的竞争压力促使它们更加积极地进行研发，提高产品和服务的创新水平。然而，分散的市场结构也可能导致资源分散，使得每个竞争者难以获得足够的资金和支持，从而影响其创新能力。

市场集中度的变化可能会影响企业的创新策略。在高度集中的市场中，主导者可能更倾向于进行战略性创新，通过引入独特的产品或服务来保持市场垄断。而在低度集中的市场中，企业可能更注重不断的产品改进和差异化创新，以在激烈竞争中获得市场份额。因此，企业需要根据市场集中度的特点灵活调整其创新策略，以适应不同的市场环境。

市场集中度的评估也涉及监管政策的制定。在高度集中的市场中，监管机构可能需要采取措施来促使主导者更积极地进行创新，以维护市场竞争的公平性。而在低度集中的市场中，监管机构可能更关注是否存在不正当竞争的行为，以保护市场的公正和透明。因此，监管政策的制定需要根据市场集中度的实际情况进行精细调整。

市场集中度是创新市场结构的一个重要方面，直接影响着市场的竞争状况和企业的创新行为。高度集中的市场可能导致垄断现象，需要监管机构采取相应的措施。低度集中的市场可能促使更多的创新活动，但也面临资源分散和竞争激烈的挑战。因此，深入理解创新市场集中度对于指导监管政策和企业创新战略具有重要意义。

（三）创新者的类型和数量

创新市场的结构不仅与市场集中度相关，还与创新者的类型和数量密切相关。创新者的类型可以分为不同的群体，包括大型企业、初创公司、研究机构等，而创新者的数量则影响着市场的竞争格局和创新的多样性。

大型企业作为创新者在创新市场中扮演着重要的角色。这些企业通常拥有雄厚的资金、丰富的资源和广泛的市场渠道，使得它们能够在研发方面进行大规模的投入。大型企业的创新活动可能涉及更广泛的领域，并具有更高的技术门槛。其产品或服务的推出往往能够在市场上迅速占据主导地位，形成市场垄断或寡头垄断的局面。然而，过于依赖大型企业的创新也可能导致市场的垄断现象，降低市场的活力和多样性。

初创公司作为创新者在创新市场中具有灵活性和创新性。初创公司通常能够更迅速地响应市场需求，敢于尝试新领域，推动市场的创新。由于初创公司的相对较小规模，它们能够更加灵活地进行试错和实验，推动市场的不断演进。然而，初创公司面临的挑战包括融资难度、市场不确定性等，这可能对其创新活动产生一定的制约。

研究机构和学术界也是创新市场中的重要创新者。这些机构通常致力于基础研究和前沿技术的探索，为市场提供新的科技支持。学术界的研究成果往往成为创新的源泉，为企业提供技术储备和创新思路。然而，将学术研究成果转化为市场创新仍然需要克服技术转移和商业化的难题，需要建立良好的产学研合作机制。

创新市场中创新者的数量直接关系到市场的竞争格局和创新的多样性。如果创新者的数量较多，市场将更加竞争激烈，创新活动也更加多样化。不同类型的创新者相互竞争，推动市场的不断演化。相反，如果创新者数量较少，可能导致市场垄断或寡头垄断，限制了市场的活力和创新的多样性。大型企业、初创公司、研究机构和学术界都在创新市场中发挥着不同的作用。深入理解创新者的类型和数量对于把握市场动态、制定有效的创新策略以及促进创新市场的健康发展具有重要意义。

(四) 技术门槛

技术门槛是创新市场结构中的一个关键因素，它反映了市场对于技术水平的要求以及企业在进入市场时所需具备的技术能力。技术门槛的高低直接影响着市场的竞争格局和创新者的进入难度。

高技术门槛通常意味着市场对于创新者的技术要求较高。这种情况下，进入市场的企业需要具备先进的研发和生产技术，以满足市场对高质量产品或服务的需求。高技术门槛可能形成市场上的技术寡头，主导者在技术水平上具有较强的优势，难以被其他企业轻易超越。然而，高技术门槛也可能导致创新者的进入困难，限制了市场的竞争，可能会降低市场的活力和创新的多样性。

低技术门槛可能促使更多的创新者进入市场。较低的技术门槛意味着创新者在进入市场时相对容易获取和应用所需的技术。这种情况下，市场上可能会涌现出更多的初创企业和小型企业，它们能够更迅速地响应市场需求，推动市场的创新。然而，低技术门槛也可能导致市场竞争激烈，产品同质化严重，企业在降低成本方面的竞争可能成为市场的主要特征。

技术门槛的变化可能影响整个产业链的创新水平。高技术门槛可能使得整个产业链上游的创新者更为集中，而低技术门槛可能促使整个产业链上的各个环节都参与到创新活动中。这种变化对于推动整个产业的技术发展和创新水平的提升都具有积极的作用。技术门槛的设定需要综合考虑市场的需求、技术的发展水平以及产业链的特点。适度的技术门槛可以促进市场的健康竞争，推动创新活动。然而，过高或过低的技术门槛都可能导致市场不平衡，影响市场的效率和公平性。技术门槛在创新市场结构中起着至关重要的作用。它直接关系到市场竞争的激烈程度、创新者的进入难度以及整个产业的创新水平。深入理解技术门槛的设定和影响对于指导市场监管、制定企业创新策略以及促进创新市场的平衡发展具有重要意义。

二、创新市场的动态

（一）技术变革

创新市场的动态主要受到技术变革的深刻影响。随着科技的不断进步和创新，市场上涌现出各种新技术，这些技术的引入和应用对商业环境和产业格局带来了巨大的变化。

新兴技术的涌现为企业提供了更多创新的可能性，使其能够开发出更具竞争力和前瞻性的产品和服务。例如，人工智能、物联网、区块链等技术的广泛应用，使得企业能够开发出更智能、更高效的解决方案，满足消费者不断变化的需求。

那些能够灵活运用新技术的企业更有可能在市场上取得竞争优势。在技术日新月异的今天，企业如果不能及时适应和采纳新技术，很容易被市场淘汰。因此，技术创新成为企业保持竞争力和生存的关键。

一些传统产业可能因为无法适应新技术而面临困境，而一些新兴产业则崛起并成为市场的新引擎。这种产业结构的调整既是挑战，也是机遇，对于企业来说需要灵活的战略规划和敏锐的市场洞察。

企业需要紧密关注科技的发展趋势，灵活运用新技术，不断创新产品和服务，以适应市场的变化并在激烈的竞争中脱颖而出。同时，政府和社会也需要提供支持和引导，共同推动技术创新对经济和社会的积极影响。

（二）市场需求变化

市场需求的变化是创新市场动态的重要方面，它直接影响着企业的战略和产品定位。随着社会、经济和文化的不断发展，市场需求呈现出多元化、个性化和快速变化的趋势，这对企业而言既是挑战，也是机遇。

消费者对产品和服务的期望不断升级。随着生活水平的提高和信息的普及，消费者对产品的品质、创新性和个性化有了更高的要求。因此，企业需要不断调整产品设计和提升服务水平，以满足不同层次和群体的需求，从而保持市场竞争力。

社会价值观的变化对市场需求产生深远影响。随着社会进步和文化多元化的推动，人们对于环保、社会责任等方面的关注度逐渐增加。因此，企业在满足市场需求的同时，还需要关注社会责任，积极参与社会公益和可持续发展，以赢得消费者的认同和信任。

科技发展也对市场需求造成了深刻的影响。新技术的应用改变了人们的生活方式和消费习惯，从而塑造了新的市场需求。例如，移动支付、智能家居、虚拟现实等技术的兴起，带动了相关产品和服务的需求，企业需要灵活应对这些技术变革带来的市场机遇和竞争挑战。

市场需求的变化是创新市场动态的重要推动力。企业需要不断进行市场调研，深入了解消费者的需求和期望，及时调整产品策略和服务模式。同时，注重社会责任和紧跟科技发展趋势，是企业在不断变化的市场中立于不败之地的关键因素。因此，灵活适应市场需求的变化，成为企业在创新市场中取得成功的不可或缺的一环。

（三）企业的进入和退出

企业的进入和退出是创新市场动态中的重要方面，直接影响市场的竞争格局和产业发展。随着市场环境的不断变化和竞争的加剧，企业必须在进入和退出的过程中保持敏锐的洞察力和灵活的战略应对。

新进入的企业通常带有创新性和活力，它们可能推出新产品、采用新技术、提供新服务，从而为市场注入新的动力。这种竞争的激烈程度常常促使企业不断提高自身的创新水平和竞争力，推动整个市场向前发展。有时候，企业可能由于市场变化、经营不善或者激烈竞争而面临退出的压力。这种退出对市场可能带来整合和重塑的机会，剔除低效率和低创新的企业，为其他更具活力和适应能力的企业创造更好的发展空间。

企业的退出也可能引发一些负面影响，比如失业问题、资源浪费等。因此，政府和社会也需要在企业退出过程中提供支持和引导，帮助受影响的企业和从业人员顺利过渡。

企业的进入和退出是创新市场中不可忽视的动态过程。在这一过程中，企业需要不断优化自身的经营策略，提高创新能力，以适应市场的变化。同时，政府、产业协会等各方也需要发挥引导和支持的作用，促进市场的健康发展和创新能力的提升。通过合理的市场竞争和进退机制，创新市场能够实现更加有效的资源配置，推动产业的可持续发展。

第三节 创新竞争战略的经济学分析

一、技术领先与市场份额

创新竞争战略在经济学中的分析涉及技术领先与市场份额之间的动态关系。技术领先是企业在创新竞争中追求的目标之一，而市场份额则是企业在市场中的相对地位，这两者之间存在密切的相互影响。在经济学的视角下，我们可以从多个方面来理解和分析技术领先与市场份额的关系。

在创新竞争中，企业通过不断引入新技术、研发新产品，追求技术上的领先地位，以此在市场中赢得先机。技术领先带来的创新成果不仅可以满足消费者的新需求，还能够有效地降低生产成本，提高生产效率，从而形成竞争优势，进而争取更大的市场份额。

一旦企业在技术上取得领先地位，其产品或服务往往更具吸引力，消费者更愿意选择这些领先企业的产品。这种产品溢价效应使得企业能够更轻松地扩大市场份额。同时，市场份额的扩大也为企业提供了更多的资源和资金支持，有利于进一步加强技术创新，形成良性的发展循环。

市场份额的争夺也可以被视为一种资源配置的竞争。通过争取更大的市场份额，企业能够获得更多的销售收入，提高规模经济效应，降低单位产品成本。这种规模经济效应有助于企业在价格竞争中占据优势，进而巩固市场份额。然而，过度追求市场份额也可能导致价格战，影响整个行业的盈利水平，对企业可持续发展构成威胁[①]。

在总体上，技术领先与市场份额之间存在着紧密的关联，彼此相互影响。企业在制定创新竞争战略时需要权衡这两者的关系，既要追求技术领先，又要注意在市场中占据有利的份额。有效的创新竞争战略应该能够平衡这一关系，实现技术创新和市场份额的双丰收。

二、成本与效益分析

在创新竞争战略的经济学分析中，成本与效益分析是至关重要的一个方面。企业在制定创新策略时，需要综合考虑投入的成本与所期望获得的效益，以确保创新活动能够实现经济上的可行性和可持续性。

成本分析涉及创新过程中的投入成本。这包括研发费用、人力成本、技术引进费用等。企业需要评估不同创新方案的成本，并选择最符合自身资源和能力的创新路径。成本分析还需要考虑到创新的时间成本，因为在快速变化的市场中，时间对于创新的推出至关重要。有效的成本管理能够帮助企业更好地控制创新投入，确保创新活动不会造成财务负担过重。

效益分析涉及创新带来的经济效益。这包括产品或服务的市场接受度、销售收入、市场份额的增长等。企业需要评估创新对于企业整体业绩的贡献，确保创新活动产生的效益能够超过投入

---

① 曹素璋．创新经济学研究方法论与实验室实验法的最新发展［J］．创新与创业管理，2017，（01）：15-32.

的成本。效益分析也需要考虑到长期效益，包括品牌价值的提升、客户忠诚度的提高等。有效的效益评估有助于企业更明智地选择创新方向，以及调整创新策略，确保创新活动对企业的战略目标产生积极影响。

在成本与效益之间，企业需要进行权衡。创新往往伴随着高风险和不确定性，因此，企业在进行成本投入时需要谨慎，同时确保所选创新方案具有较高的潜在效益。在经济学的框架下，企业可以通过比较不同创新方案的预期回报率和风险水平来进行选择，以最大化整体效益。

创新的成本与效益还受到市场竞争环境、产业结构和政府政策等因素的影响。企业需要在这些外部因素的基础上进行更加全面和深入的经济学分析，以更好地理解创新活动对企业和整个产业的影响。

成本与效益分析是创新竞争战略制定过程中的关键步骤。企业需要在投入创新活动时审慎考虑成本，并在实现效益时取得平衡。通过经济学的角度来分析成本与效益，企业能够更好地规划和执行创新战略，以取得可持续的竞争优势。

三、风险管理与不确定性

创新竞争战略的经济学分析中，风险管理与不确定性是至关重要的考量因素。创新往往伴随着高度的不确定性和风险，企业在制定创新战略时需要精细的风险管理，以确保在不确定的环境中能够最大化利益并保护企业的可持续发展。

创新过程中的技术风险是需要注意的一个方面。技术的不确定性和快速变化使得企业在研发新产品或服务时面临着未知的技术挑战。有效的风险管理涉及对技术难题的认知、评估和应对，包括建立灵活的研发团队、与外部创新生态系统的合作以获取更多技术资源等，以降低技术风险对企业的不利影响。

市场风险也是创新竞争中的一项主要挑战。市场不确定性可能导致新产品或服务的市场接受度低于预期,从而影响企业的收入和市场份额。有效的市场风险管理包括对市场需求的深入调研、灵活的市场战略调整、建立迅速反应市场变化的机制等,以提高企业对市场风险的适应能力。

资金风险也是创新活动中需要谨慎管理的方面。创新通常需要大量资金的投入,而投入与回报之间存在不确定性。企业需要有效地管理资金投入,确保能够在创新活动中保持足够的灵活性,以适应可能的变化和挑战。资金风险管理还包括对融资渠道的多元化和合理的财务规划,以降低企业在创新过程中面临的资金压力。

法律和政策风险也需要被纳入创新战略的考虑范围。不同地区和国家的法规和政策对于创新活动有着不同的影响,可能带来合规性问题和政治风险。企业需要认真评估相关法规和政策对创新活动的影响,采取适当的合规措施,以降低法律和政策风险对企业的潜在影响。

在风险管理的过程中,企业还需要具备灵活性和创新性,能够迅速应对外部环境的变化。同时,建立有效的监测和反馈机制,及时调整创新战略,以适应不断变化的市场和技术环境。风险管理与不确定性是创新竞争战略中不可忽视的经济学问题。企业需要全面理解和评估不同类型的风险,并采取积极有效的措施来规避、降低和管理这些风险,以确保创新活动能够在不确定的环境中取得成功并为企业创造长期价值。

四、战略合作与竞争

在创新竞争战略的经济学分析中,战略合作与竞争是一个关键的议题。企业在追求创新时既需要与其他企业建立合作伙伴关系以共享资源和知识,又需要在市场中进行竞争以获得竞争优势。这种合作与竞争的动态关系在经济学中有着深刻的影响，涉及博弈论、合作理论等多个方面。

战略合作对于创新活动的推动至关重要。企业通过与其他企业建立战略合作关系，可以共享研发成本、技术知识和市场渠道，加速创新的过程。合作伙伴关系有助于构建创新生态系统，通过整合各方资源，形成协同效应，推动创新活动更加高效、迅速地实现。合作关系还能够降低企业面临的不确定性，增强市场适应能力，为创新提供更为稳固的基础。

战略竞争在创新竞争战略中同样不可或缺。企业需要在市场中不断竞争，争夺市场份额，以确保创新带来的价值能够被有效地转化为市场地位和经济利益。竞争激励企业提高创新水平，推动技术进步和产品不断升级。市场竞争还能促使企业更好地了解市场需求，精细调整产品和服务，提高客户满意度，形成竞争优势。

战略合作与竞争之间存在着微妙的平衡。合作关系的建立需要考虑到信息不对称、合作伙伴之间的利益分配等问题，而在市场竞争中，企业又需要保持一定的独立性和竞争优势。这种合作与竞争的平衡涉及博弈论的研究，企业需要在竞争与合作的决策中找到最优策略，以最大化自身利益。

战略合作还涉及产业生态系统的构建。企业需要认识到，不同企业在产业链上扮演不同的角色，构建起紧密的合作关系有助于整个生态系统的稳定发展。这种合作不仅有助于创新，还能够提高整个产业的竞争力。

在实践中，企业需要根据自身情况和市场环境灵活运用战略合作与竞争。在合作中，建立长期稳定的伙伴关系，分享互补的资源与能力；在竞争中，提高产品差异化，通过创新和效率提升取得竞争优势。整合合作与竞争的元素，形成有力的创新竞争战略，有助于企业在不断变化的市场中取得持久的成功。因此，在经济学的视角下，战略合作与竞争的平衡是企业成功实施创新竞争战略的关键之一。

第四节 市场失灵与创新政策

一、市场失灵的表现

（一）外部性

市场失灵的一个显著表现是外部性的存在。外部性指的是某个经济活动的影响超出了直接参与者，影响到了第三方，这种影响可能是正面的（正外部性）也可能是负面的（负外部性）。市场往往无法充分反映外部性的影响，导致资源配置出现偏差，从而引发市场失灵。

正外部性是市场失灵的一种表现，表现为社会收益大于私人收益。例如，科研活动可能会产生新的知识和技术，这些成果对整个社会都具有积极影响，但研究者个体往往无法完全内部化这些社会效益。因此，私人企业可能会在创新研究方面投入较少，导致整个社会的创新水平低于最优水平。政府可以通过提供研发资金、设立奖励机制等方式来纠正正外部性带来的市场失灵，以促进更多的创新活动。

负外部性是市场失灵的另一种表现，表现为社会成本大于私人成本。例如，工业生产可能产生环境污染，直接影响企业周围的居民，但企业个体往往不需要承担全部的环境清理成本。这导致企业在决策时可能会低估环境成本，从而过度生产，加剧环境问题。政府可以通过制定环保法规、实施排放许可制度等手段来纠正负外部性，使企业更好地考虑社会成本，促进可持续发展。

外部性的存在还表现在市场资源配置的不完善。市场往往只能考虑交易双方的私人成本和收益，而无法全面考虑整个社会的成本和收益。在存在外部性的情况下，市场无法准确反映社会的总体利益，导致资源配置偏离了社会最优水平。政府可以通过干预手段，如税收、补贴、监管等，来调整市场机制，纠正资源配置的不完善，使其更符合社会利益。

外部性是市场失灵的重要表现之一，直接影响资源的有效配置。正外部性和负外部性分别导致了市场对正面影响和负面影响的低估，从而使得创新和环保等社会价值的实现受到阻碍。政府在制定政策时应认识到外部性的存在，通过适当的政策工具来纠正市场失灵，促进社会资源的更有效、公正分配。

（二）信息不对称

市场失灵的另一个显著表现是信息不对称。信息不对称指的是在市场参与者之间存在信息差异，一方拥有更多或更准确的信息，而另一方却处于相对信息不足的状态。这种不对称的信息分布可能导致市场无法有效发挥资源配置的作用，产生了市场失灵的现象。

在信息不对称的情况下，一方通常会更具信息优势，能够在交易中获得更多的利益。例如，卖方可能了解产品的质量、市场前景等信息，而买方却难以获得同等的信息水平。这导致了市场中存在"道德风险"和"逆向选择"等问题，使得交易双方难以建立起对等的信息基础上的信任，阻碍了资源的有效配置。

在金融领域，信息不对称可能导致"道德风险"现象，即一方在交易中可能采取不正当手段，而另一方无法全面了解。例如，借款人可能隐瞒其真实的财务状况，而贷款机构难以全面了解借款人的信用风险，导致贷款市场存在较大的不确定性。政府可以通过建立更加透明的信息披露制度、强化监管机制等手段来减缓信息不对称的影响，提高市场的运行效率。

信息不对称还可能导致"逆向选择"问题，即在市场中更多地出现劣质产品或服务。卖方拥有更多的信息，而买方难以分辨产品或服务的真实质量,这导致了市场上可能存在低质量产品或服务。政府可以通过加强产品质量监管、推动行业标准化、提高信息透明度等方式来应对逆向选择问题,维护市场的良好秩序。

信息不对称还可能影响市场中的投资决策。在股票市场中,一些内部信息可能只有少数人知晓,导致投资者无法公平获取这些信息,形成内幕交易等问题。政府可以通过建立完善的证券监管机制、加强对内幕交易的打击力度等手段来减轻信息不对称带来的投资不公平问题,保护投资者的权益。

信息不对称是市场失灵的一种表现,直接影响市场的有效运行。政府在制定政策时需要认识到信息不对称可能存在的问题,通过加强监管、推动信息透明度、提高市场参与者的信息获取渠道等方式来缓解信息不对称的影响,从而促进市场资源的有效配置。

(三)公共物品

市场失灵的又一表现是在公共物品的供给和需求方面。公共物品具有两个主要特征:非排他性和非竞争性。非排他性意味着一个人的消费并不排除其他人的消费,而非竞争性则表示一个人的消费并不影响其他人对该物品的使用。由于这些特征,市场通常难以有效供给和需求公共物品,造成了市场失灵的问题。

在市场中,私人企业往往缺乏供给公共物品的动力。因为非排他性特征导致私人企业无法通过销售来收回投入,非竞争性特征则使得企业无法对消费者进行定价。由于缺乏明确的市场回报,私人企业可能不愿意投入生产和提供公共物品。典型的例子是国防和基础设施建设,这些项目对整个社会具有公共性质,但私人企业难以在市场中提供足够的供给。

公共物品的免费使用问题也容易导致市场失灵。由于非排他性和非竞争性的特征,一旦公共物品被提供,个体往往可以免费享受其服务，无法通过市场机制征收费用。这使得私人企业难以通过销售公共物品来获取收益，从而缺乏动力提供这些物品。例如，公园、空气清新等公共物品难以通过市场交易实现，导致其供给不足。为了弥补市场在公共物品供给方面的不足，政府通常需要介入并提供这些物品。政府能够通过征税、预算拨款等方式筹集资源，提供公共物品以满足整个社会的需求。这种公共物品的供给由政府来负责，以确保社会的整体福祉得到最大化。

二、创新政策的作用

（一）资金支持

创新政策在资金支持方面发挥着重要的作用，它不仅对经济发展产生积极影响，同时也促进了科技进步和社会进步。创新政策为企业提供了资金支持，帮助它们在研发和创新领域进行投资。这种资金支持可以通过直接的财政拨款、补贴、税收减免等形式实现。企业在创新方面的投资往往需要大量的资金，而创新政策的资金支持可以降低企业的财务压力，鼓励它们更积极地投入到研究与开发活动中，从而推动科技的进步。

通过向创新型企业、初创公司、科研机构等提供资金支持，政府可以促进创新生态的形成和发展。这有助于吸引更多的人才和资源投入到创新领域，形成良性循环，推动整个产业链的创新活动。政府可以通过设立创新基金、支持研发合作项目等方式，鼓励不同领域的企业、科研机构、高校等进行合作。这有助于加速知识的流动和共享，推动不同领域的专业知识相互融合，从而催生更具创新性的成果。

企业在获得政府的资金支持后，通常需要向政府报告项目的执行情况和研发成果。这种监督机制有助于确保企业的研发活动不仅仅是短期行为，同时也鼓励企业更加注重项目的长期可持续性和创新效益。它不仅为企业提供了必要的经济支持，促进了科技创新，也推动了整个社会的发展。通过有效的资金支持，创新政策有助于构建创新型经济，提升国家的竞争力和可持续发展能力。

（二）科技人才培养支持

创新政策在科技人才培养支持方面发挥着关键作用，它是推动科技创新和产业升级的重要手段。创新政策通过设立各类奖学金、科研资助项目等形式，为优秀的科技人才提供经济支持。这有助于吸引更多有潜力的人才投身科技领域，为他们提供在学术研究和创新实践中充分发挥才能的机会。这种资金支持不仅可以缓解科研人员的财务压力，同时也激励他们更加专注于高水平的科研活动，推动科技领域的创新。这包括设立专业的科研培训机构、实验室设施、技术创新中心等，为科技人才提供良好的学术环境和研究条件。政府还可以通过资助高水平的科研项目、组织国际性的学术交流等方式，拓展科技人才的国际视野，促使他们在全球范围内共享科研资源和经验。

创新政策的科技人才培养支持也包括加强产学研合作，促进科研成果的转化和应用。政府可以通过设立科技园区、技术孵化器等平台，将高校、科研机构与企业进行有机结合，推动科技人才更好地参与实际产业问题的解决，促使研究成果更好地转化为实际生产力。创新政策还可以通过制定人才引进政策，吸引国际上的科技人才来国内工作和研究。这有助于引入更多高水平、创新思维活跃的科技专业人才，推动国内科技领域的发展，并促进国际科研合作。通过提供经济支持、建设科研基础设施、促进产学研合作以及引进国际人才等手段，政府可以培养更多优秀的科技人才，推动科技创新成果的不断涌现，为国家的可持续发展和竞争力的提升奠定坚实基础。

(三) 知识产权保护

知识产权保护是指通过法律、政策和制度等手段，保护创造性、独创性的知识成果，包括专利、商标、版权、商业秘密等各种知识产权形式的保护。在现代经济社会中，知识产权保护对于促进创新、鼓励创造、推动经济发展具有至关重要的作用。

创新是推动经济发展的关键驱动力，而知识产权保护则是保障创新成果的合法权益，激励创新者进行创新活动的重要保障。在没有充分保护的情况下，创新者面临着知识被侵权复制、盗用的风险，缺乏对创新成果的合法保护，将严重抑制创新的积极性和创造力。

通过知识产权保护，创新者可以获得对创新成果的独占权，从而获得市场竞争优势，吸引更多的资金和资源投入到技术转移和技术创新领域，推动科技成果的转化和应用，促进科技创新的持续发展。

创新活动的持续开展和创新成果的充分保护，有助于提高企业的技术水平和市场竞争力，推动产业结构的优化和升级，实现经济的可持续增长。同时，知识产权保护也为企业创造了良好的创新环境和法治环境，吸引更多的投资和人才，推动经济的快速发展。

在全球化背景下，知识产权保护已成为国际经济合作和贸易发展的重要议题。加强知识产权保护有助于维护国际贸易的公平竞争环境，促进技术和商品的跨境流动，推动全球经济的繁荣和稳定。

知识产权保护不仅适用于科技领域，也包括文化、艺术、娱乐等领域的创意成果。通过知识产权保护，创意产业可以获得合法的经济利益，激励更多的人才投入到创意产业领域，推动文化产业的繁荣和发展。

知识产权保护在促进创新、推动经济发展、促进国际经济合作和文化创意产业发展等方面发挥着重要作用。加强知识产权保护，不仅有利于保护创新者的合法权益，也有利于促进经济社会的全面发展和进步。

三、创新政策的制定和实施可以弥补市场失灵的不足

创新政策的制定和实施在很大程度上可以弥补市场失灵的不足，为创新活动提供必要的引导、支持和保障。市场失灵指的是市场机制无法有效配置资源、引导创新，以及无法解决信息不对称、外部性等问题，从而导致创新活动受到限制。而创新政策的制定和实施则可以通过政府的介入和引导，解决市场失灵问题，促进创新活动的开展和发展。

创新活动往往需要大量的研发投入和资金支持，而市场机制无法充分满足这一需求。因此，政府可以通过设立科技创新基金、科研项目资助等方式，为创新者提供资金支持，降低其创新成本，促进创新活动的开展。创新政策的制定和实施可以通过提供知识产权保护来弥补市场失灵。市场机制往往无法有效保护创新者的知识产权，导致创新者缺乏动力进行创新活动。因此，政府可以通过完善知识产权法律法规、加强知识产权保护等方式，为创新者提供知识产权保护，保护其创新成果的合法权益，激励其进行创新活动。

市场机制往往无法有效促进科技创新体系的建设，导致创新活动受到限制。因此，政府可以通过建立科技创新中心、加强科技人才培养、促进产学研合作等方式，建设完善的科技创新体系，为创新活动提供必要的支持和保障。市场机制往往无法提供良好的创新政策环境，导致创新活动受到限制。因此，政府可以通过建立健全的创新政策体系、优化创新政策环境、提高政策的透明度和稳定性等方式，营造良好的创新政策环境，为创新活动的开展提供有利条件。

第三章　市场竞争与创新经济学

创新政策的制定和实施可以弥补市场失灵的不足,为创新活动提供必要的引导、支持和保障。政府通过提供资金支持、知识产权保护、科技创新体系建设以及创新政策环境建设等方式,解决市场失灵问题,促进创新活动的开展和发展,推动经济社会的进步和发展。因此,创新政策的制定和实施对于弥补市场失灵,促进创新活动具有重要意义。

第四章 创新经济学中的产业分析

第一节 产业结构与创新

一、产业结构的创新导向

(一) 绿色产业的发展

绿色产业的发展是当今世界各国共同面对的重要课题，它是应对气候变化、缓解环境污染、推动可持续发展的重要途径之一。绿色产业指的是在生产、使用和消费过程中尽可能减少对环境的负面影响，实现资源有效利用和环境友好型发展的产业。

传统工业生产模式往往伴随着大量的能源消耗和废气、废水排放，对环境造成严重污染。而绿色产业则以清洁能源和环保技术为核心，通过节能减排、循环利用等方式，减少了对环境的负面影响，有效改善了生态环境质量，为保护生态环境提供了重要保障。

随着人们环保意识的提高和环境法规的加强，绿色产品和服务的市场需求不断增加，绿色产业成为经济增长的新动力。发展绿色产业可以促进传统产业向清洁、低碳、循环的方向转型升级，推动经济结构优化和产业转型升级，增强经济的可持续发展能力。

绿色产业具有较高的人力密集度和技术含量，需要大量的技术人才和劳动力参与生产和管理。因此，发展绿色产业可以创造更多的就业机会，提高就业率，促进经济增长。同时，绿色产业还可以带动相关产业的发展，形成产业链条，带动全社会经济发展。

随着全球环境问题日益突出，各国对于绿色技术和绿色产品的需求不断增加，绿色产业具有广阔的市场前景和发展空间。发展绿色产业有助于提升国家的技术创新能力和产业竞争力，在全球经济格局中占据更加有利的地位，实现经济的可持续发展目标。

绿色产业的发展是推动经济转型升级、改善生态环境、促进经济增长和实现可持续发展的重要途径。各国应加强绿色产业政策的制定和实施，加大对绿色技术创新和绿色产业发展的支持力度，共同推动绿色产业的健康发展，为构建美丽地球、实现可持续发展贡献力量。

(二) 数字化产业的引领

数字化产业的引领已经成为当今世界经济发展的重要趋势，它以数字技术为核心，促进了产业结构的转型升级、经济增长的提升以及社会进步的推动。数字化产业是指利用数字技术和信息通信技术，对传统产业进行改造升级，实现生产、管理、营销等各个环节的数字化和智能化，从而提高生产效率、优化资源配置、推动经济发展。

数字技术的广泛应用促进了传统产业向数字化、智能化方向转型升级，形成了新兴的数字化产业集群。这些新兴产业以互联网、人工智能、大数据、物联网等新一代信息技术为支撑，涵盖了电子商务、云计算、智能制造、数字金融、数字媒体等多个领域，成为经济增长的新引擎。数字化技术的应用使生产过程更加智能化、自动化和灵活化，有效地提高了生产效率和产品质量，降低了生产成本，优化了资源配置。例如，智能制造技术可以实现生产过程的自动化和智能化，提高生产效率和产品质量；大数据技术可以分析海量数据,优化资源配置,提高资源利用效率。

新兴的数字化产业涌现出大量的创新企业和创业者,通过技术创新和商业模式创新,不断推出新产品、新服务,拓展新市场,推动了经济的创新发展。同时,数字化技术的应用也为创新创业提供了更加便利的条件和平台,降低了创业成本和创业风险,促进了创新创业的繁荣发展。数字化技术的应用使得不同行业之间的界限逐渐模糊,促进了产业融合和交叉创新。例如,数字技术与制造业的深度融合,推动了智能制造的发展;数字技术与金融业的融合,促进了金融科技的兴起。产业融合和跨界创新为经济发展注入了新的活力和动力。

数字化产业的发展在促进产业结构转型升级、提高生产效率、推动创新创业、促进产业融合等方面发挥着重要作用。应加强数字化产业政策的制定和实施,加大对数字技术的研发和应用支持力度,推动数字化产业的健康发展,为经济增长和社会进步提供更加坚实的基础。

(三)技术密集型产业的培育

技术密集型产业的培育在产业结构的创新导向中具有关键作用,它旨在推动产业向高附加值、高技术含量的方向升级,促使经济更为创新驱动和竞争力强大。技术密集型产业培育注重科技创新和研发投入。政府可以通过制定激励政策、提供科研资金等手段,鼓励企业加大对技术研发的投入。这有助于提升企业的技术水平,推动科技成果的不断涌现,从而培育出更多高技术含量的产业。

培养高素质的科技人才是技术密集型产业成功的关键。政府可以通过设立专业的科技人才培训机构、提供奖学金、引进国际高端人才等方式,激发科技人才的创新潜力,为技术密集型产业的崛起提供人才支持。这包括科研机构、高校、企业等各类创新主体之间的合作机制。政府可以通过建设科技园区、技术创新中心等平台，促使各方资源的有效整合，推动创新要素的流动与共享，为技术密集型产业提供更加良好的创新环境。技术密集型产业培育也需要注重知识产权的保护。政府可以加强知识产权法律制度的建设，提高知识产权保护的力度，鼓励企业进行技术创新，同时降低创新的风险。这有助于形成良性的创新生态，促使技术密集型产业不断壮大。

通过加大对科技创新的支持、人才培养的力度、创新体系的建设以及知识产权的保护，政府能够引导产业向更为技术密集、创新驱动的方向发展。这不仅有助于提升国家经济的整体竞争力，同时也推动产业升级，推进经济朝着更加高质量和可持续的方向发展。政府、企业和社会应共同努力，共建创新型国家，推动技术密集型产业的蓬勃发展。

二、产业集群与创新生态系统

（一）产业集群效应促进创新

产业集群在创新生态系统中发挥着重要作用，其集聚的效应不仅推动了经济发展，更为创新活动提供了有力的支持。产业集群的形成和发展为创新提供了良好的土壤，促使企业之间形成合作关系、技术交流和资源共享。产业集群内企业之间的空间邻近性为创新带来便利。相近的地理位置促使企业更容易进行信息交流、人才流动和技术合作，形成了创新的社会网络。这种紧密的联系有助于知识的传播和共享，推动创新成果的迅速传播。

不同类型的企业在集群中汇聚，形成了多元化的产业生态系统，有助于不同领域的知识融合。这种交叉创新可以激发更具创意和独特性的解决方案，推动整个产业向前发展。另外，产业集群内部形成的竞争氛围也是创新的动力之一。企业之间的竞争促使它们不断寻求提升自身创新能力的途径，包括技术升级、产品创新等。这种竞争压力推动了企业更加积极地投入研发活动，提高创新的频率和水平。

共享的研发设施、实验室资源、人才库等促进了企业间的协同创新。政府、产业协会等组织在集群中设立的创新支持机构也为企业提供了专业的服务和政策支持，加速了创新的发展。综合而言，产业集群效应通过促进企业之间的合作、技术交流和资源共享，形成了更为有利的创新生态系统。这种密集的产业聚集形式推动了创新的发生、传播和应用，为经济的可持续发展注入了新的动力。政府、企业和社会应共同努力，进一步优化和发展产业集群，以促进创新，推动产业升级。

(二) 资源共享与协同创新

资源共享与协同创新是产业集群在创新生态系统中的关键特征，通过集中企业、研发机构和其他相关组织，实现资源的共享与合作，从而推动创新的发展。资源共享在产业集群中形成了高效的生态系统。企业在集群中共享基础设施、研发设备、人才库等各类资源，降低了创新成本，提高了创新效率。这种资源的共享有助于避免资源浪费，使得各个组织能够更加专注于自身的核心创新领域。

协同创新是资源共享的重要结果，通过组织内外部的协同合作，促使各方汇聚知识和技术，产生创新性的解决方案。不同企业、研发机构之间的合作与交流打破了信息壁垒，激发了创新的火花。这种协同创新模式使得产业集群成为一个共同成长的生态系统，各方通过合作共赢，推动整个集群的创新水平提升。另外，资源共享与协同创新也为中小企业提供了更多的机会。在产业集群中，中小企业可以共享大企业的研发资源、市场信息等，通过合作实现快速发展。同时，大企业也能通过与中小企业的协同创新获取更灵活的创新思路和更迅速的市场反馈。这种互惠互利的关系促进了产业集群内部创新生态的形成。

通过集群内各方的互动合作，不仅加速了创新的推进速度，也促使创新成果更好地转化为实际生产力。这种有机的生态系统使得创新更加持续、全面，为整个经济体系的升级提供了动力。综合而言，资源共享与协同创新是产业集群在创新生态系统中的重要机制。通过促进企业间的合作、知识交流和技术共享，形成更加高效、灵活的创新模式，推动了整个产业集群的可持续创新发展。政府、企业和社会应共同努力，进一步加强资源共享和协同创新，推动创新驱动发展的目标不断实现。

（三）创新知识外溢加强

创新知识的外溢是产业集群与创新生态系统相互影响的重要方面，它不仅促进了集群内部企业的创新能力提升，也为整个生态系统带来了更广泛的经济效益。产业集群内部企业的创新知识外溢通过企业间的合作与交流，推动了技术和经验的传播。集群内部企业在创新活动中取得的知识和技术成果往往不仅仅局限于自身，而是通过人才流动、联合研发等方式向其他企业传递。这种知识外溢促使集群内的企业形成共同体验、共同学习的氛围，提高了整个集群的创新水平。

企业间的竞争促使它们不断提升创新能力，将创新成果迅速转化为市场竞争力。同时，知识的外溢也催生了更多的合作机会，企业通过共享知识资源，共同攻克技术难题，实现了创新合作，推动了整个集群的创新生态系统的建设。另外，创新知识的外溢还加强了集群与外部环境的联系，促进了产业集群与周边地区、国际市场的互动。集群内企业通过知识外溢将创新成果传递到外部，引起了外部企业和机构的关注。这种连接加强了产业集群与创新生态系统的互动，形成了更加开放和具有吸引力的创新环境。

通过集群内外部的知识交流，不仅提高了企业的创新能力，也促进了新的创新活动的不断涌现。这种知识的不断外溢有助于整个生态系统形成良性循环，推动更多的资源和机会汇聚到集群中，为产业升级和经济发展提供了源源不断的动力。综合而言，创新知识的外溢是产业集群与创新生态系统相互促进的重要机制。通过企业间的合作、竞争与连接，知识的外溢推动了产业集群的创新能力提升，为整个创新生态系统的升级和可持续发展奠定了坚实基础。政府、企业和社会应共同努力，加强创新知识的外溢，推动形成更为强大的创新生态系统。

第二节 创新经济学的产业分类

一、三次产业分类法

（一）定义

三次产业分类法是一种根据产业发展的层次顺序及其与自然界的关系将全部经济活动划分为第一产业、第二产业和第三产业的分类方法。这一分类方法旨在对不同类型的经济活动进行整体划分，以便更好地理解和组织各种生产和服务活动。

第一产业，也称为原始产业，其劳动对象是自然界的生物体。这包括直接从自然界获取植物，如猎、捕捞和采集，以及通过人工饲养、栽培获得的动植物，如农业和畜牧业。第一次产业的特点是对生物体的直接利用，是经济体系中最基础、最原始的产业形态。

第二产业，也称为制造业，涵盖了从自然界获得非生命物质或制造各种材料，并对这些材料进行加工、制造成各种产品的经济活动。这包括采矿业、制造业、建筑业、运输业、通信业以及煤气、电力、供水等工业部门。第二次产业的特点是对非生命物质的加工和利用，是工业化生产的主要领域。

第三产业，也称为服务业，其生产的是服务，而非具体的物品。第三次产业包括商业、金融业、保险业、生活服务业、旅游业、公务业（科学、教育、卫生、政府等公共行政事业）以及其他公益事业等。这些经济活动主要以提供各种服务为主，反映了现代社会对多样化服务的需求。

三次产业分类法通过将经济活动按照其与自然界的关系和发展层次进行划分，有助于更清晰地理解不同产业的特点和功能。这一分类方法不仅在经济研究中具有指导作用，也为政府和企业在制定发展战略和政策时提供了有益的参考。通过对各个产业的深入理解，可以更好地促进产业结构的升级和优化，推动整个经济体系朝着可持续、高效的方向发展。

（二）三次产业分类法的产生

三次产业分类法的产生可以追溯到20世纪20年代，起源于新西兰和澳大利亚。当时，人们将农业、畜牧业、渔业、林业和矿业称为"第一次产业"，将制造业称为"第二次产业"。然而，这一分类方法的理论基础和系统性发展是在后来的研究中逐步完善的。

在1935年，新西兰奥塔哥大学教授阿伦·格·费希尔在其著作《安全与进步的冲突》中，从世界经济史的角度对三次产业分类方法进行了理论分析。他认为，人类生产活动的发展经历了三个阶段。首先是初级生产阶段，以农业和畜牧业为主。第二阶段是工业生产迅速发展的时期，工业制造为就业和投资提供了广泛的机会。最后是第三阶段，始于20世纪初期，劳动和资本不再主要流向初级生产和第二级生产，而是流入旅游、娱乐服务、文化艺术、保健、教育、科学和政府等领域。他通过这一分析提出了第三次产业的概念，为后来的产业分类奠定了基础。

1940年，英国经济学家和统计学家科林·克拉克在其著作《经济进步的条件》中运用了三次产业分类法，深入研究了经济发展与产业结构变化之间的规律。他将全部经济活动划分为第一次产业、第二次产业和第三次产业，为这一分类方法提供了更为系统和深刻的理论基础。此后，澳大利亚和新西兰的统计学界也逐渐认可了这一分类法，并将其应用于产业统计手册中。

在1950年，经济学家库兹涅茨（Simon Smith Kuznetz）运用三次产业分类法对国民经济中的变化规律进行了系统研究和揭示。他的工作进一步推动了这一分类方法在经济学和统计学领域的应用。随着时间的推移，三次产业分类法逐渐被各国所接受，成为世界各国通行的统计方法。

这一分类法的普及和应用为人们更全面地理解和分析不同产业在经济中的角色和发展趋势提供了有效的工具。它不仅在经济研究中得到了广泛应用，还为政府和企业在制定发展战略和政策时提供了有益的参考。通过对三次产业的深入研究，人们能够更好地促进产业结构的升级和优化，推动整个经济体系朝着可持续、高效的方向发展。

二、标准产业分类法

标准产业分类法（Standard Industrial Classification，简称SIC）是为了统一国民经济统计口径而由权威部门制定和颁布的一种产业分类方法。全面的、精确的、统一的经济活动统计对经济理论的探讨和整个国民经济问题的研究，对政府制定经济政策和进行国民经济的宏观管理都是十分必要的。国际劳工组织（International Labor Organization，ILO）在1952年制定的《社会保障最低标准公约》中首次确定了各种社会保障条款，并提供了全部经济活动的国际产业标准分类的附录，成为最早的标准产业分类。

随后，为了进一步统一各国的产业分类，联合国于1971年颁布了《全部经济活动的国际标准产业分类索引》（Indexes to The International Standard Industrial Classification "All Economic Activities"，简称ISIC）。此后，于1989年联合国制定了《全部经济活动的国际标准产业分类》第三版，即"ISIC/Rev3"。这一版本将全部经济活动分为17个大项,每个大项下面分成若干中项,再分成小项和细项,形成了一个相对详细而系统的分类体系,便于进行全面的经济活动统计和比较研究。ISIC的特点在于与三次产业分类法保持着稳定的联系,有助于对产业结构的深入研究。此分类法具有统一的统计编码,方便调整和修订,也为各国制定标准产业分类和进行产业结构比较研究提供了便利条件。

在中国,《国民经济行业分类》(GB/T4754—2002)是根据我国的行业发展情况,按照国际通行的经济活动同质性原则制定和修订的标准产业分类。这一标准积极采用国际标准,与联合国1989年的ISIC第三版保持一致。随着中国改革开放的深入和国际交往的增加,特别是加入世界贸易组织后,对统计信息的加工要求按照国际分类标准进行,因此我国标准产业分类与国际标准的一致性变得更加重要。

标准产业分类的制定和使用对于国民经济管理和统计工作具有重要意义。它为政府制定经济政策、进行宏观管理提供了基础数据支持。通过这一分类,可以清晰地了解各个产业的发展状况,有助于深入研究产业结构和产业关联性,为制定产业政策提供科学依据。同时,标准产业分类也为国际比较提供了基础,使各国能够更好地了解和比较彼此的经济结构和发展水平。

标准产业分类法在国际和国内的经济研究、管理和统计工作中起到了重要的桥梁作用。通过建立统一的经济活动分类标准,它促进了各国间的信息交流和比较,为经济领域的决策提供了科学依据,推动了产业升级和经济可持续发展。

三、生产要素集约分类法

(一) 理论上的分类

生产要素集约分类法是一种根据产业在生产过程中对特定资源的依赖程度划分的分类方法,用于分析产业结构。在理论上,产业可以被大致分为资源密集型产业、劳动密集型产业、资本密集型产业和技术密集型产业。这种分类方法旨在更好地理解不同产业对资源、劳动、资本和技术的需求，从而有助于制定相应的产业发展政策。

资源密集型产业指在生产要素的投入中需要使用较多的土地等自然资源才能进行生产的产业。这包括土地、原始森林、江河湖海和各种矿产资源。农业和矿业是典型的资源密集型产业，因为它们对土地和矿产的需求较大。

劳动密集型产业指在生产要素的配合比例中，劳动力投入比重较高的产业。这种产业在生产中更加依赖人力，包括农业、纺织、制革、服装、食品、零售、餐饮业等。随着科技进步，资本有机构成提高，劳动密集型产业和资本技术密集型产业分化出来，反映了产业结构的变化。

资本密集型产业指在生产要素的配合比例中，资本（资金）投入比重较高的产业。这包括交通、钢铁、机械、石化等产业，其特点是对资本的需求较大。

技术密集型产业（或知识密集型产业）指在生产要素的投入中需要使用复杂先进而又尖端的科学技术才能进行生产的产业，或者在劳动中知识密集程度高的产业。这包括航天、生物、高分子材料、信息、电子计算机等产业。技术密集型产业的比重通常反映了一个国家的经济发展水平，因为这些产业需要较高水平的科技和研发投入。

这种分类法的优点在于有利于判断整个国家的经济发展水平和反映产业结构的高度化趋势。然而，它也存在一些缺陷，比如各产业类型的划分标准相对模糊，不同国家和地区可能存在差异。例如，农业的分类可能因国家的发展水平和科技投入而有所不同，使得劳动密集型和技术密集型的划分变得复杂。生产要素集约分类法为产业结构分析提供了一种有益的理论框架，有助于理解不同产业对资源和要素的利用方式，为国家的产业政策提供科学依据。

（二）实际应用中的分类

在实际应用中，我们可以采用联合国工业发展组织在2002/2003年度世界工业发展报告中对制造业的分类办法，即按照技术密集度的高低将制造业分为资源型制成品、低技术制成品、中技术制成品和高技术制成品。这种分类方法更加具体和细致，有助于更全面地了解各个制造业的特点和竞争优势。

资源型产业主要包括加工过的食品和烟草、简单木制品、精炼石油产品、染料、皮革（非皮革制品）、宝石和有机化学品。这些产品的竞争优势一般依赖于当地可获得的自然资源。这类产业可以是简单劳动密集型的，例如简单的食品或皮革加工；也可以是资本、规模和技能密集型的，例如石油精炼或现代加工食品。这种分类有助于理解产业的基础和依赖程度，对于资源丰富的地区有重要的指导作用。

低技术产业主要包括纺织、服装、鞋、其他皮革制品、玩具、简单的金属和塑料制品、家具和玻璃制品。这些产品通过资本设备体现稳定和普及的技术，R&D投入和技术要求较低，经济规模相对较小。劳动成本是成本的主要构成部分，产品趋于无差别化，很少以大量生产为目的。竞争优势来自价格而不是质量和商标。这种分类有助于理解劳动力密集型产业的特征和竞争方式。

中技术产业包括重工业产品，如汽车、工业化学品、机械设备以及比较标准的电气和电子产品。这些产品具有复杂但不是迅速变化的技术，要求适当的R&D投入水平、先进的工艺和设计技术以及大规模生产。强调产品设计开发能力以及广泛的供应商和分包商网络。进入障碍较高，资本要求较大。这种分类有助于理解技术水平相对中等的产业，对于产业链的理解和优化提供了指导。

高技术产业包括复杂的电气和电子（包括通信）产品、航空航天、精密仪表、精细化工以及药品。这些产品要求先进且迅速变化的技术和复杂技能，具有极高的进入障碍。这种最需要创新的制造业产品要求巨额 R&D 投入、先进的技术基础和企业、大学和研究机构之间的密切交互。高技术产业通常具有较高的价值重量比，这使得价值链的分割被打破，并且呈远距离分布。这种分类有助于理解创新型产业和高附加值产业的特征，对于推动科技创新和提升产业附加值具有指导作用。联合国工业发展组织的制造业分类方法为我们提供了更为详尽和具体的视角，使我们能够更全面地了解各个制造业的特征、竞争方式和发展趋势，为产业政策的制定和产业结构的优化提供了更为有力的工具。

第三节　产业创新生态系统的经济学视角

一、多元利益相关方的参与

（一）企业的参与

产业创新生态系统中，多元利益相关方的参与至关重要，其中企业作为创新生态系统的主体之一，发挥着重要的角色。企业的参与对于创新生态系统的经济发展和创新能力的提升具有深远的影响。

企业作为经济体系中的核心组成部分，其创新活动直接关系到产业的竞争力和可持续发展。在创新生态系统中，企业通过加强内部研发、技术创新以及与其他企业的合作，不仅提升了自身的竞争力，也推动了整个生态系统的创新水平。企业的参与不仅表现在技术创新上，还包括商业模式的创新、管理方式的创新等多个方面，为整个生态系统注入了活力。在创新生态系统中，企

第四章 创新经济学中的产业分析

业之间的合作与交流不仅加速了技术和经验的传播，也促进了创新资源的共享。企业通过参与创新网络、联盟或产业集群，能够获取到来自不同领域和层次的知识，加速创新过程。这种知识的共享有助于降低创新成本，提高效率，使得整个生态系统更具协同创新的能力。

在创新生态系统中，企业的成功创新吸引了投资者、政府等其他利益相关方的关注和支持。投资者看好企业的创新潜力，愿意为其提供资金支持；政府通过制定有利于创新的政策，提供创新环境和基础设施建设等方面支持企业的创新活动。企业的成功创新不仅为自身带来了利益，也为整个创新生态系统的繁荣做出了贡献。企业与供应商、客户之间的协同关系得到加强，形成了更加紧密的价值链。企业通过与其他产业链上的企业协同创新，实现资源优势的互补，提高整个产业链的创新水平，形成良性的发展循环[①]。

企业在创新生态系统中的积极参与是推动经济发展和提升创新能力的关键因素。通过技术创新、知识共享、利益相关方协同等方式，企业不仅实现了自身的可持续发展，也为整个创新生态系统的繁荣做出了贡献。企业的参与不仅仅是为了谋取自身利益，更是为了共同推动整个生态系统的创新与发展，实现多方共赢的局面。

（二）研究机构和大学支持

研究机构和大学在产业创新生态系统中的积极参与对于促进经济发展和推动创新具有重要作用。它们作为知识创新的重要源泉和人才培养的重要场所，为整个生态系统注入了活力，推动了科技进步和产业升级。研究机构和大学作为知识创新的主要驱动

---

① 张娜，邓霆，杜英歌．创新经济学理论增强国家文化软实力［J］．理论视野，2015，(05)：76-78．

力，通过开展基础研究和前沿科技研究，为产业创新提供了丰富的科学理论和实践经验。这些机构通过不断推动学科前沿的拓展，为企业和其他利益相关方提供了创新的理论支持和技术储备。研究机构和大学的参与不仅为产业创新提供了新的思路和方法，也为创新生态系统的长期可持续发展奠定了坚实基础。

通过培养高素质的科研人才和创新人才，它们为企业和产业提供了源源不断的智力支持。毕业生的创新能力和实践经验使得他们成为产业创新生态系统中的重要力量，能够不断注入新鲜血液和创新思维，推动整个系统的不断升级。研究机构和大学通过产学研合作，将学术研究成果转化为实际应用，为产业创新提供了技术和市场的双重支持。这种产学研合作模式使得研究成果更加贴近市场需求，有助于加速科技成果的商业化进程。通过与企业的密切合作，研究机构和大学能够更好地理解产业的实际需求，为产业提供更具实际意义的创新解决方案。

通过开放科研平台、技术共享机制等方式，它们促进了科技成果的广泛传播和利用，实现了知识的流动和交流。这有助于建立更加开放、合作的创新生态系统，提高整个系统的创新效率和水平。研究机构和大学在产业创新生态系统中的参与是推动科技创新和经济发展的关键力量。通过提供科学理论支持、人才培养、产学研合作和科技成果共享等方面的支持，它们为整个创新生态系统的繁荣做出了重要贡献。在多元利益相关方的共同参与下，研究机构和大学与企业、政府等其他利益相关方共同构建了协同创新的生态系统，为社会经济的可持续发展奠定了坚实基础。

（三）政府的引导

政府在产业创新生态系统中的引导作用至关重要，其参与不仅可以促进科技创新和产业升级，还有助于构建合理的政策环境和资源配置体系，推动整个生态系统的健康发展。通过财政和税收政策的调整，政府可以提供资金支持，鼓励企业加大研发投入。此外，政府还可以建立科技创新基金、创业扶持基金等金融机制，为创新型企业提供融资支持，降低创新的财务风险，推动产业创新的良性循环。

政府在产业政策的制定中，可以通过明确发展方向和重点领域，引导企业在特定产业和技术领域进行创新。通过制定有针对性的产业政策，政府可以引导资源向战略性新兴产业、高技术产业等方向倾斜，推动整个产业结构的优化升级。政府在知识产权保护、市场准入等方面的法规制度建设也是至关重要的。建立健全的知识产权体系，加强对知识产权的保护，可以激励企业更加积极地进行创新。同时，完善市场准入机制，打破行业垄断，促进市场竞争，有利于引导企业更好地适应市场需求，推动产业创新的发展。

设立科技创新平台、技术研发中心等组织，促进产学研合作，加强科研成果的转化和应用，有助于提高整个生态系统的创新效率。政府在人才培养和引进方面也扮演着重要角色。通过制定人才政策，鼓励高校和科研机构培养和引进高水平科技人才，提高创新团队的整体水平，有利于推动科技创新的发展。政府在产业创新生态系统中的引导作用是不可替代的。通过制定科技政策、优化产业结构、保护知识产权等手段，政府可以为创新生态系统的形成和健康发展提供有力支持。在多元利益相关方的共同参与下，政府与企业、研究机构等其他利益相关方形成协同合作，共同推动产业创新，实现经济可持续增长。

二、创新资源的共享和流动

（一）知识资本的共享

知识资本的共享在产业创新生态系统中扮演着至关重要的角色，它不仅是推动创新的动力源泉，也是构建创新网络、促进产业协同发展的关键要素。

在科技发展日新月异的今天，各领域的研究者通过学术论文、专利等形式将最新的研究成果分享出来，使得知识不再受限于某一特定组织或领域。这种知识共享的机制有助于不同机构、企业之间充分利用彼此的专业知识，避免重复劳动，提高创新效率。

开展跨界合作是知识资本共享的一种重要方式。通过建立产业创新平台、技术创新联盟等跨领域的合作机制，各个领域的专业人才可以进入多个产业，形成知识跨界流动的局面。这种产业间的协同创新，不仅有助于整合各类资源，还能够促使创新活动更具前瞻性和综合性，推动整个生态系统向着更高水平迈进。

各类高校、研究机构通过开设共享课程、实施人才交流计划等方式，促进优秀人才的流动和共享。人才流动带来的不仅是个体经验的积累，更是不同领域之间的思想碰撞，推动了创新观念的更新和迭代。

开源软件、开放数据等开放创新的实践，为知识的广泛流通提供了便捷的途径，吸引更多组织和个体参与到创新活动中来。这种开放的科研模式有助于减少信息壁垒，促使知识更加自由地在创新生态系统中流动，为产业创新提供更广阔的空间。

知识资本的共享是产业创新生态系统中的重要推动力量，它通过促进科研成果的开放、跨界合作、人才培养和流动等方式，为整个生态系统的创新提供了充分的动力和条件。在知识共享的框架下，不同利益相关方可以更好地协同合作，形成更具活力和创造力的创新生态系统。

（二）技术设施和实验设备的共享

技术设施和实验设备的共享在产业创新生态系统中具有重要的经济学视角，不仅有助于降低创新成本，提高资源利用效率，还能够推动科技进步和产业发展。许多创新项目需要大量的专业

第四章 创新经济学中的产业分析

设备和实验仪器,而这些设备的购置和维护往往需要巨额资金。通过建立共享平台,不同的研究机构、企业可以共同使用这些设备,避免了重复投资,降低了创新的进入门槛,尤其对于中小型企业和初创公司而言,大大减轻了负担,激发了它们参与创新的积极性。

在传统模式下,各个研究单位往往都拥有自己的设备,但使用频率不高,存在资源浪费的情况。通过共享,设备的利用率可以得到提高,减少了资源的闲置,实现了资源的最大化利用。这种高效的资源配置有助于推动整个创新系统的良性循环,提升了整个生态系统的创新效益。不同机构和企业之间通过共享设施形成了更加紧密的合作关系,有利于知识和经验的交流,推动了前沿技术的研究与应用。这种合作有助于加速技术创新的步伐,提高整个产业链的水平,从而推动整个产业生态系统向更高层次发展。

技术设施和实验设备的共享还有助于吸引更多的创新主体参与到生态系统中来。对于初创公司和中小企业而言,共享平台提供了使用高端设备的机会,使它们能够在更有利的条件下进行创新实践。这种机会平等的共享模式有助于促进创新主体之间的公平竞争,激发了更广泛范围内的创新活力。技术设施和实验设备的共享是产业创新生态系统中的一项重要举措,具有显著的经济学意义。通过共享,可以降低创新成本、提高资源利用效率、推动科技进步和产业发展,为整个生态系统的创新提供了坚实的支撑。

(三)资金和投资的协同

资金和投资的协同是产业创新生态系统中创新资源共享和流动的关键经济学视角之一。这协同不仅促进了创新活动的开展,也为不同利益相关方提供了更广泛的机会,推动了整个生态系统的可持续发展。

在传统模式下，创新项目面临着高昂的研发成本和不确定的市场前景，导致融资难度较大。通过建立共享的融资平台，企业和初创公司可以更容易地获得来自多个投资者的资金支持，分散了融资风险，提高了项目的可行性。这种协同融资模式有助于促进更多的创新项目得到资金支持，推动了生态系统内创新的广泛展开。大型企业通常拥有更丰富的资金和投资资源，而初创公司可能缺乏足够的资金用于创新实践。通过资金和投资的协同，大企业可以通过投资或合作的方式支持初创公司，实现了资源的有机流动。这种合作形式有助于打破传统的产业边界，促进了整个生态系统中不同企业之间的共赢合作。

投资者的参与不仅仅是提供资金，更是对创新项目的监督和引导。在协同融资的过程中，投资者通常会参与项目的管理和决策，提供专业的意见和支持。这种协同作用有助于确保科技创新更好地满足市场需求，推动研发成果更快速地投入实际应用。通过形成多层次、多方面的资金支持网络，生态系统内的企业和机构可以更好地应对市场的波动和风险。资金的协同流动使得整个系统更加灵活，更有活力，有助于吸引更多的创新主体参与到生态系统中。

资金和投资的协同在产业创新生态系统中发挥着重要的作用，推动了创新资源的共享和流动。通过降低融资难度、促进企业合作、推动科技创新应用以及构建完善的创新生态系统，资金和投资的协同为产业创新注入了活力，为经济的可持续发展提供了坚实的支持。

三、创新投资与风险共担

（一）投资者与企业的合作

投资者与企业的合作是产业创新生态系统中创新投资与风险共担的关键经济学视角之一。这种合作模式不仅为企业提供了资

第四章 创新经济学中的产业分析

金支持，还使投资者与企业共同承担创新过程中的风险，促进了创新项目的可持续发展。在创新过程中，企业通常需要大量的资金用于研发、试验和推广等环节。而投资者通过提供投资，为企业提供了实施创新计划所需的资金来源。这种合作不仅解决了企业在创新过程中面临的融资难题，还为创新项目的顺利推进提供了强有力的支持。

创新涉及许多不确定性因素，包括市场反应、技术可行性、法规变化等。投资者通过与企业的合作，不仅分享了创新项目的潜在回报，更共同承担了创新所带来的各种风险。这种风险共担机制促使投资者更加关注项目的可行性和成功概率，推动了双方在创新项目中的密切协作。

投资者通常拥有丰富的行业经验和市场洞察力，通过与企业的合作，可以将这些知识和经验分享给企业，提高了企业在创新过程中的决策水平和执行能力。企业也能够通过与投资者的合作，获得更广泛的网络资源和行业信息，有助于更好地把握市场动向和竞争格局。

由于共同承担了创新项目的风险，投资者和企业之间建立了紧密的利益关系。这种合作关系不仅有利于当前项目的成功实施，更为未来的合作提供了坚实的基础。长期的合作关系有助于形成稳定的创新生态系统，推动各方在产业创新中的良性循环。

投资者与企业的合作是产业创新生态系统中创新投资与风险共担的有效经济学视角。通过提供资金支持、共担风险、促进知识和经验的共享以及构建长期合作关系，投资者与企业的合作模式促使创新项目更好地实施，推动了整个创新生态系统的发展。这种合作方式为企业和投资者双方创造了共赢的局面，为经济的可持续发展提供了有力支持。

（二）创新项目的评估与选择

创新投资与风险共担的经济学视角中，创新项目的评估与选择起着至关重要的作用。这一环节涉及对潜在创新项目进行全面、科学的分析，以确保投资者能够明智地选择具有较高成功概率和潜在回报的项目，从而最大程度上降低风险。

投资者在选择创新项目时，需要对项目所涉及的市场进行深入研究，包括市场规模、增长趋势、竞争格局等因素。通过了解市场需求和潜在机会，投资者能够更准确地评估项目的市场潜力，为未来的商业成功奠定基础。投资者需要对项目所采用的技术方案进行仔细审查，评估其在实际应用中的可行性和先进性。通过了解技术的创新程度、是否具备产业领先地位，投资者可以更好地判断项目是否具备竞争优势，从而减少技术风险。

优秀的团队具有创新意识、实施力和行业经验，能够更好地应对项目过程中的各种挑战。投资者需要关注团队成员的专业素质、团队协作能力以及对项目的执着程度，从而提高项目的成功概率。投资者需要了解项目所处行业的法规政策，以及项目可能面临的法律风险。对法律合规性的全面评估有助于避免因法律问题而导致的投资损失，确保项目在合法合规的环境中运作。

风险管理机制的建立对于创新项目的选择至关重要。投资者需要制定合理的风险管理计划，包括风险识别、评估、控制和监测等方面。通过建立科学的风险管理体系，投资者可以更好地应对项目执行过程中可能出现的各种风险，降低潜在的投资损失。

创新项目的评估与选择在创新投资与风险共担的经济学视角中具有重要地位。通过全面考量市场潜力、技术可行性、团队实力、法律政策环境以及风险管理机制，投资者能够更明智地选择具有潜在成功可能性的创新项目，实现共担风险的经济目标。这种科学的评估与选择过程为创新生态系统的稳健发展提供了基础支持，促进了创新投资与风险共担机制的可持续发展。

（三）风险共担的机制

创新投资与风险共担的机制是构建产业创新生态系统的重要

组成部分，旨在实现多方利益相关者之间风险共担、资源共享、协同创新的目标。这一机制不仅有助于推动创新生态系统的协同发展，还能有效降低单一参与方面临的创新风险，促进全局创新生态的健康运转。

风险分担机制通过建立多方参与方之间的合作与共赢关系，实现风险的共担。在创新生态系统中，企业、研究机构、政府等多元利益相关方通过合作协议明确各自的责任和义务，共同承担创新过程中的不确定性和风险。这种共担机制有助于形成相互依赖的创新网络，提高整个生态系统的抗风险能力。

共享资源是风险共担机制的核心。各方共同投入创新资源，包括技术、人才、资金等，通过资源共享实现对创新项目的支持。企业可以借助研究机构的科研力量，政府通过提供政策支持和资金投入促进创新，形成资源协同利用的模式。这种资源共享机制不仅降低了各方独立承担的风险，也提高了整个生态系统的创新效率。

信息共享和透明度是风险共担机制的关键环节。各方通过建立信息共享平台，及时交流创新过程中的信息、成果和风险预警，提高了对整个生态系统的全局认知。透明的信息流通有助于各方更准确地评估风险，及时调整战略，实现对创新过程的更好管控。

建立风险共担基金是推动创新投资与风险共担的有力机制。政府、企业和其他利益相关方可以共同出资建立风险共担基金，用于支持创新项目的资金需求。这种基金的设立既可以提供额外的财务支持，也能分摊项目失败时的损失，为各方提供更多的信心参与高风险的创新活动。

创新投资与风险共担的机制通过多方参与方的合作、资源共享、信息透明和基金支持等手段，促使创新生态系统内各方形成紧密的协同关系，降低整体风险，推动创新活动的开展。这种经济学视角下的机制有助于实现创新生态系统的可持续发展，促进创新投资与风险共担的有效实施。

第四节　创新政策在不同产业中的应用

一、创新政策在农业中的应用

（一）农业科技创新

技术创新在传统产业中的应用是创新政策的一个关键领域，旨在推动传统产业的升级和转型，提高其竞争力和可持续发展能力。通过技术创新的支持，政府可以激发企业创新活力，促进生产方式、产品质量和市场竞争力的全面提升。

通过引入先进的生产技术和智能化制造系统，企业能够实现生产过程的自动化和数字化，提高生产效率，降低生产成本。这不仅有利于提高传统产业的整体竞争力，还有助于适应市场需求的快速变化。通过引入新的材料、工艺和设计理念，企业能够研发出更具创新性和竞争力的产品。提升产品质量和性能不仅能够满足消费者不断提升的需求，还能够开辟新的市场空间，促使传统产业实现可持续增长。通过推动数字化营销、智能物流等技术的应用，企业能够提升市场开发和销售能力，拓展产品销售渠道，进军新兴市场。这种市场拓展不仅有助于传统产业的发展，还有助于实现更广泛的国际合作和竞争。

创新政策在技术创新支持方面可通过提供研发资金、设立科技创新基地、建立技术转移平台等手段，鼓励企业进行技术创新。政府可以制定激励政策，如减税优惠、贷款支持等，来降低企业技术创新的成本和风险，激发其进行更多的研发投入。技术创新的支持是创新政策在传统产业中的重要举措。通过促进技术创新，政府可以引导传统产业实现转型升级，提高其竞争力，实

第四章 创新经济学中的产业分析

现可持续发展。这不仅有助于传统产业在市场竞争中立于不败之地，还能够为整个经济结构的升级和优化奠定坚实基础。

(二) 数字农业推动

数字化和信息化升级是创新政策在传统产业中的重要应用方向，通过引入先进的数字技术和信息化手段，旨在提升传统产业的管理效率、生产方式和服务水平，从而适应日益数字化的经济环境。

通过应用先进的信息管理系统、大数据分析工具和人工智能技术，企业能够实现对生产、供应链、销售等各个环节的全面监控和精细管理。这不仅能够优化生产流程，提高资源利用效率，还能够迅速响应市场变化，提高企业的决策效能。通过采用数字化设计和制造技术，传统产业可以加速产品研发周期，提高产品的创新性和适应性。同时，利用物联网技术，企业能够实现对产品使用状况的实时监测和反馈，为产品的改进和优化提供数据支持。这有助于提升产品的竞争力和市场份额。通过建立数字化渠道、电子商务平台和智能物流系统，企业可以拓展产品销售渠道，提升市场覆盖范围。数字化商业模式还有助于企业实现个性化定制、精准营销等创新服务，满足消费者个性化需求。

在创新政策的实施过程中，政府可以通过提供数字化技术培训、设立数字化转型基金等方式，鼓励传统产业加速数字化和信息化升级。政府还可以推动建设数字产业园区，提供基础设施支持，促进数字化技术和创新企业的集聚，形成数字经济的良好生态。数字化和信息化升级是创新政策在传统产业中的重要举措。通过推动数字化转型，政府可以引导传统产业适应数字经济时代的需求，提升其核心竞争力，实现可持续发展。这一过程不仅有助于传统产业在市场竞争中保持竞争力，还能够推动整个产业结构的数字化升级。

(三) 农业金融服务

创新政策在传统产业中的应用之一是推动农业金融服务的创新。农业是传统产业中的重要组成部分，而金融服务在农业领域的创新可以有效促进农业现代化、提高农业生产效益，实现农村经济的可持续发展。

传统农业常常面临资金短缺、融资难题，制约了农业现代化的步伐。通过创新金融服务，引入先进的金融科技手段，例如农业金融科技平台、区块链技术等，可以为农民提供更便捷、灵活的融资工具，解决资金周转不灵的问题，推动农业生产方式的升级和技术的应用，提高农业生产效率。

农业生产受天气、自然灾害等多种因素的影响，传统农业往往面临产量不稳定和收益波动的风险。通过引入保险金融产品、气象大数据分析等技术，可以更好地评估和管理农业风险，提供针对性的金融保障，为农民提供更可靠的风险防范和救助服务。

通过建立农业金融生态系统，整合产业链上下游各环节的金融服务，包括种植、加工、物流等，可以实现信息流、资金流、物流的互联互通，提高融资效率，降低中间环节的融资成本，推动产业链的健康发展。

在政策层面，创新农业金融服务需要政府加强监管和制定相关政策，推动金融机构加大对农业的金融支持力度。政府可以鼓励金融科技企业和传统金融机构合作，共同推动农业金融服务的数字化和智能化升级。此外，为农业金融服务提供相应的税收和财政政策支持，为金融机构参与农业领域提供更多的激励和便利。

创新农业金融服务是创新政策在传统产业中的重要应用领域。通过引入金融科技和创新金融产品，可以促进农业的现代化发展，提高农业产业链的融资效率，降低农业风险，为农村经济的可持续发展注入新的动力。

二、创新政策在制造业产业中的应用

(一) 税收激励

创新政策在制造业产业中的应用之一是通过税收激励来促进企业加大研发投入、推动技术创新，从而提升制造业的竞争力和创新水平。

税收激励是一种常见的政策手段，通过减免企业在研发领域的税收负担，鼓励企业增加创新投入，加速科技成果的转化和产业升级。在制造业中，这种政策可以具体体现在以下几个方面：

减免研发成本。政府可以实施研发费用的税收抵扣政策，允许企业将研发费用列为可抵扣的企业所得税项目，降低企业在研发过程中的税负。这种措施可以鼓励制造企业增加对新技术、新产品的投入，提高创新活力。

奖励技术创新成果。政府可以设立技术创新奖励机制，对企业在制造业领域取得的技术创新成果给予税收奖励。这种奖励机制可以激发企业在新材料、新工艺、新设备等方面进行更深入的研究和实践，推动制造业向高端技术和高附加值方向迈进。

建立专项资金支持。政府可以设立专项税收资金，用于支持制造业企业的科技创新项目。通过给予税收资金的支持，鼓励企业进行更为长期和风险较高的创新活动，帮助企业更好地应对技术挑战和市场变化。

建立技术创新平台。政府可以在制造业领域建立技术创新平台，为企业提供开放的研发环境和共享的科技资源。通过对这些平台给予税收激励，吸引更多制造企业参与其中，形成产业联盟，加速技术成果的推广和产业化。

在政策层面，需要政府建立健全的税收激励政策体系，明确相关的法规和操作细则，确保激励政策的有效执行。政府还应积极协调相关部门，与企业共同制定创新发展规划，确保税收激励与制造业的实际需求相符，形成有利于企业创新的政策环境。

通过税收激励政策，可以在制造业中激发更多的创新活力，促进技术进步和产业升级，推动制造业向高质量发展的方向迈进。这种政策的实施不仅有助于提升制造业的核心竞争力，也有利于整个国家经济的可持续增长。

（二）技术转移支持

技术转移支持是创新政策在制造业产业中的关键措施之一。通过为技术转移提供支持，政府能够促进先进技术的广泛传播和应用，推动制造业整体水平的提升，实现科技创新与产业发展的良性互动。

政府可以建立技术转移平台，为企业提供开放的技术共享和交流环境。这样的平台可以促使先进技术更好地在产业间流动，降低技术获取的难度，特别是对于中小企业而言，能够提供更为便捷的技术转移途径。政府可以通过税收激励或资金补贴等方式，鼓励企业积极参与技术转移平台，分享和获取先进技术。

建立技术转移专业服务机构，为企业提供全方位的技术咨询、评估和转移服务。政府可以设立专项基金支持这些服务机构的运营，以确保其能够提供高质量的技术转移服务。通过这些机构的介入，企业可以更系统地了解、评估和应用外部技术，加速创新成果的转化。

政府可以制定激励政策，鼓励高校、研究机构等科研机构与制造业企业开展技术转移合作。通过建立联合研究中心、科技园区等合作平台，促进科研成果向制造业领域的转移。政府可以提供科研项目经费支持，鼓励科研机构与企业建立长期合作关系，推动科技创新成果更好地为制造业服务。

建立技术标准和认证体系，为技术转移提供规范和保障。政府可以通过设立技术标准委员会、认证机构等，制定并推广与技术转移相关的标准和认证制度，提高技术转移的透明度和可信度。这有助于企业更好地了解技术的质量和适用性，降低技术引入的风险。

技术转移支持是创新政策在制造业中的重要举措，有助于促进先进技术的传播与应用，提升制造业整体竞争力。政府在推动技术转移方面的支持措施应综合考虑产业需求，建立健全的政策框架，为制造业提供更多更有效的技术支持，推动产业朝着更加创新、智能和可持续的方向发展。

(三) 产业园区建设

产业园区建设是创新政策在制造业中的关键应用领域之一。通过规划和建设产业园区，政府可以促进企业之间的合作与创新，提升制造业的整体创新水平和竞争力。

政府可以通过制定有利于创新的政策和法规，引导企业在产业园区内开展研发和创新活动。这包括提供税收激励、研发资金支持等政策，鼓励企业在产业园区内设立研发中心、实验室等创新机构，推动技术创新和产品研发。政府可以在产业园区内建设共享的研发设施和实验平台，为企业提供先进的研究设备和技术支持。这有助于降低企业的研发成本，推动创新资源的集聚和流动。政府可以通过设立专项基金或引导社会资本参与，共同建设高水平的研发设施，提高产业园区的创新能力。政府可以通过产业园区建设促进产业链上下游企业的协同创新。通过规划合理的空间布局和产业布局，鼓励相关产业企业在同一区域内集聚发展，形成产业集群效应。这有助于加强产业链条的协同合作，促进技术创新和资源共享。

产业园区建设还可以提供完善的基础设施和服务，为企业提供良好的创新环境。政府可以投资于交通、通信、能源等基础设施建设，提高产业园区的便捷性和可达性。同时，提供人才培训、法律咨询、市场推广等全方位的服务，帮助企业解决创新过程中的各类问题。政府在产业园区建设中可以推动与高校、科研机构的合作，促进产学研合作模式。通过引入高校研究力量和专业技术人才，提升园区内企业的科技水平。政府可以设立产学研合作基金，支持高校与企业在产业园区内的共同研发项目，推动创新资源的跨界整合。

产业园区建设是创新政策在制造业中的有力工具，有助于搭建企业创新平台，促进创新资源的共享和流动。政府在产业园区建设方面的支持应注重提供良好的政策环境、研发设施和服务支持，创造有利于创新的生态系统，推动制造业向高质量发展迈进。

第五章　知识产权与创新经济学

第一节　知识产权制度的经济学分析

一、知识产权制度激励创新与投资

（一）独占权激励创新

知识产权制度中的独占权在经济学上被认为是一种激励创新与投资的重要机制。独占权赋予创新者对其创造的知识和技术的独家控制权，从而为其带来了经济上的回报和竞争优势，进而推动创新活动的进行。这种保护机制为创新者提供了稳定的市场环境，使其能够更加安心地进行高风险、高投入的研发活动。在知识产权的框架下，创新者不仅能够确保自身在市场上的竞争地位，还能够借此吸引投资，推动更多资金流入创新领域。

在一定期限内，创新者拥有对特定技术或产品的市场控制权，能够设定更高的价格，获取更高的利润。这种经济回报是激励创新者进行投资和创新的重要动力，因为他们能够在成功创新后享受到相应的经济红利。独占权也为创新者提供了对外界模仿和侵权行为的法律保护，降低了创新的风险。知识产权制度通过法律手段确保了创新者的独占地位，一旦有他人侵犯这一权益，创新者可以通过司法途径维护自己的利益。这种法律保护减少了创新者的不确定性和风险，进一步激励其进行更大规模、更深度的创新活动。一方面，过度的独占权可能导致市场垄断，限制了其他竞争者的进入和创新,从而阻碍了整个市场的动态竞争。另一方面,独占权的时限有时过长,可能导致创新成果在过长时间内被垄断,阻碍了知识的快速传播和共享。

适度的独占权可以为创新者提供稳定的回报和市场优势,促使其进行更多的创新活动。然而,需要在制度设计上权衡独占权的长度和程度,以确保在激励创新的同时不妨碍市场竞争和知识的自由流动。

(二) 回报与风险平衡

知识产权制度在激励创新与投资方面发挥关键作用,通过回报与风险平衡的机制,创新者得以更有动力地投入研发活动。

知识产权制度通过确立独占权,为创新者提供了合理的回报机制。创新者在投入大量资源进行研发时,面临着不确定性和风险,而知识产权的设立使其有望在成功创新后获得市场上的独家权益。这种回报机制能够平衡投入与回报之间的关系,激发创新者投身于高风险、高回报的创新领域。

在创新初期,技术尚未完全验证,市场风险较高,但此时创新者享有独占权,有望获得更大回报。随着技术的逐步成熟,市场风险逐渐降低,但此时独占权可能逐渐减弱。知识产权的时限设计能够在不同阶段平衡回报和风险,为创新提供有序推进的动力。

创新者在研发初期可能面临较高的不确定性,而知识产权的建立可以为其提供一定的保护,降低外部侵权的风险。这种风险管理的机制使得创新者更愿意投入大规模的资金和人力资源进行创新活动。

要实现回报与风险的有效平衡,知识产权制度需要在设计和执行中考虑平衡的原则。过长的专利保护期限可能导致市场垄断,限制了竞争和进入,进而降低创新效率。因此,需要在知识产权保护的时限上寻求一种平衡,以确保在激励创新的同时保持市场的竞争活力。

回报与风险平衡是知识产权制度激励创新与投资的核心机制。适度的独占权通过回报机制激发创新者的积极性,而对不同创新阶段的风险进行合理的管理,则有助于创新活动的有序展开。在知识产权制度的演进和改革中,需要不断优化回报与风险平衡的机制,以促进更多有价值的创新发生。

二、知识产权保护有助于推动经济增长

(一) 知识产权保护吸引外部投资和技术转移

知识产权保护在推动经济增长方面发挥着关键作用,其中之一是吸引外部投资和促进技术转移。有效的知识产权保护制度为国家创造了有利的投资环境,从而吸引外部资本的注入和先进技术的引入,为经济的增长注入了新的动力。

强有力的知识产权保护是外部投资者考虑的重要因素之一。投资者在决定将资金投入到一个国家时,会考虑该国的法律体系,特别是知识产权的保护程度。一个良好的知识产权保护制度可以确保投资者在该国的创新和研发活动受到充分的法律保护,减轻了他们在知识产权领域的投资风险。因此,吸引外部投资者的关键在于提供可预测、强有力的知识产权保护,从而使他们更有信心在该国进行长期投资。

知识产权保护有助于促进技术转移。拥有健全的知识产权制度的国家更容易吸引到具有先进技术和研发能力的跨国公司。这些公司倾向于在能够得到充分知识产权保护的国家设立研发中心、生产基地或合作伙伴关系。通过这种方式,技术和知识可以跨界流动,为本国产业注入新的创新元素。技术转移有助于提高本国产业的竞争力和创新水平,进而推动整体经济的增长。

有效的知识产权保护也有助于建立国际合作关系。国家之间通过共享知识产权的方式可以加强协作,推动共同的科研项目和

技术发展。这种国际合作不仅促进了跨国企业间的技术转移,也有助于解决全球性的科技难题,提升各国整体的创新水平。

需要注意的是,知识产权保护的力度应当适度,过于严格的知识产权保护可能导致垄断,阻碍了信息的自由流通和创新的发生。因此,在建立和完善知识产权保护体系时,需要权衡各方利益,确保既能够吸引外部投资和技术转移,又能够保护社会的创新活力和公平竞争。

知识产权保护在吸引外部投资和促进技术转移方面发挥着至关重要的作用。一个强有力的知识产权保护体系有助于打造创新友好的经济环境,推动经济的可持续增长。

(二)知识产权保护保护创新者的竞争优势

知识产权保护的重要作用之一是保护创新者的竞争优势,这有助于激发创新活力、提高产业竞争力,并最终推动经济增长。知识产权保护为创新者提供了对其独特创意和技术的独占权,确保他们能够充分享有创新的成果。在创新领域,企业和个人需要巨大的投入,包括研发成本、时间和人力资源。若缺乏有效的知识产权保护,其他企业可能在短时间内模仿并复制这些创新,削弱了创新者的市场地位和回报。因此,知识产权的保护能够激励创新者进行更多的研发活动,因为他们能够确信自己的努力最终能够得到合理的回报。

通过为创新者提供保护,其他企业在获取新技术时需要进行正式的技术转让或授权,从而形成了技术交流和合作的机制。这种机制不仅促进了创新者与其他企业之间的良性竞争,还有助于将创新的成果快速引入市场,推动整个产业的升级。在知识产权得到保护的情况下,创新者能够在市场上享有相对垄断的地位,因为其他企业难以通过非法手段获取并使用其专利、商标或著作权所保护的创新。这为创新者提供了更多的市场份额和更稳固的客户基础,为其长期发展创造了有利条件。

第五章 知识产权与创新经济学

知识产权保护并非一劳永逸，而是需要不断更新和适应创新的发展。由于科技的迅速发展，一些传统的知识产权保护可能在某些领域显得不够灵活。因此，制定和完善知识产权法律体系时，需要不断调整，确保其能够适应新兴技术和创新模式的变化。知识产权保护有助于保护创新者的竞争优势，通过激发创新活力、促进技术传播和帮助创新者在市场中建立稳固地位，推动着经济的增长。

三、知识产权制度有助于维护市场秩序

（一）知识产权制度防止不正当竞争

知识产权制度在经济学上有助于维护市场秩序的重要方面之一是通过防止不正当竞争。这一点体现在知识产权制度对于打击侵权行为、保护创新者权益、促进合法竞争等方面的作用。

在市场经济中，企业通过独特的创新和技术来获取竞争优势，而这些创新和技术往往以专利、商标、著作权等形式被保护。侵犯知识产权的行为会导致不正当竞争，损害了创新者的权益，也扰乱了市场秩序。因此，知识产权制度通过设立法律框架和强化执法机构，有效地打击侵权行为，维护了公平竞争的环境。

在没有知识产权保护的情况下，企业可能会通过模仿、复制他人创新来获取短期的经济利益，这样的恶性竞争不仅损害了创新者的创造动力，也对市场造成了负面影响。有了知识产权制度，创新者在一定期限内能够独占其创新成果，这为他们提供了充分的激励去投入更多的创新活动，从而促进了科技进步和市场的稳定发展。

合法竞争是市场经济的基石，而知识产权的存在使得企业在竞争中更加注重创新和技术提升，而非通过不正当手段获取竞争优势。通过保护创新者的权益，知识产权制度构建了一个公平的

竞争环境，鼓励企业通过提高产品质量、服务水平等方面进行竞争，从而推动了市场的正常运作。

知识产权制度在维护市场秩序时，还需要不断完善和调整以适应市场的变化。尤其在新兴科技和创新模式的涌现下，知识产权法律体系需要不断更新，确保其能够有效应对新的挑战，维护市场的公正与健康。总体而言，知识产权制度通过防止不正当竞争，为市场提供了秩序和稳定的发展环境。

（二）知识产权制度维护知识产业链的稳定

知识产权制度在维护市场秩序的经济学分析中，其另一个重要方面是通过维护知识产业链的稳定，促进产业健康发展。知识产业链是指在知识创新、研发、生产、销售等环节中相互关联的一系列产业活动，包括创新者、生产者、销售者等多个环节。知识产权制度在此过程中发挥了关键的作用，维护了产业链的稳定性，促进了知识经济的健康发展。

在一个良好的知识产权保护体系下，创新者能够在一定时间内独占其创新成果，从而获得相应的经济回报。这种专有权利的确立为创新者提供了持续的激励，鼓励他们在研发和创新上进行更多的投资，推动整个知识产业链的不断发展。

在知识产权的保护下，企业更容易形成合作关系，共同参与产业链的建设。生产者能够安心投入到生产环节，销售者也能够更有信心地推广和销售具有独特知识产权的产品。这种协同运作有助于提高整个知识产业链的效率，促进产业的协调发展。

金融机构在提供融资支持时通常会考虑知识产权的价值，而知识产权的保护使得这些权利成为较为稳定的资产。这为产业链上的企业提供了更多融资渠道，促进了知识产业链的资金流动和健康发展。

然而，知识产权制度的维护对于整个知识产业链的稳定发展需要综合考虑不同环节的平衡。过度强调专有权利可能导致垄断现象，阻碍产业链的竞争和创新。因此，在制定和完善知识产权法律框架时，需要平衡专有权利和公共利益，以促进知识产业链的协调和可持续发展。知识产权制度在维护知识产业链的稳定中扮演了关键角色，为知识经济的健康发展创造了有利条件。

第二节 专利、版权与创新

一、专利

（一）专利的含义

专利是一种法定的独占权，它赋予发明者对其创造的新颖、非显而易见且具有工业应用的发明享有一定期限内的专有权利。专利的核心目的在于鼓励和保护创新，通过对发明者提供独占权，激励其进行更多的研发活动，从而促进科技的进步和社会的发展。专利所保护的发明必须具备新颖性，即在申请专利之前，在全球范围内都不存在相同或类似的技术[①]。这要求发明者在创新过程中追求独特性，确保其发明相对于现有技术的全球性独创性。这种要求旨在确保专利的授予对于技术的推动和创新的激励是有意义的。

这意味着发明在技术上不能是一种显而易见的改进，而应当涉及技术领域的实质性进步。专利法对非显而易见性的要求旨在过滤那些仅仅是常规技术进步的申请，确保只有那些对于技术领域有实际创新贡献的发明才能够获得专利权。专利所保护的发明必须具备实际的工业应用价值，而非仅仅停留在理论层面。这要求发明者在创新的同时考虑其实际应用，确保其发明能够为工业

---

① 孙红玉，雷正，杨艳武. 技术创新、地方政府行为与长期经济增长［J］. 统计与决策，2022，38（16）：113-117.

领域带来实质性的益处。这种要求旨在使专利体系更加与实际生产和经济活动相联系，推动技术的实际运用。专利权利期限的设定是为了在一定时间内保护发明者的独占权，鼓励其充分利用自己的发明，获取回报。专利权的有限期限同时也有助于促进技术的传播和共享，确保一旦专利权期满，技术就能够进入公共领域，为更多的人所利用。专利的含义不仅在于其法定的独占权力，更在于其对新颖性、非显而易见性和工业应用性的要求，以及对发明者在一定期限内的专有权利。通过专利制度，社会为创新者提供了一种切实可行的激励机制，推动着科技的不断发展，为人类社会的进步注入了源源不断的动力。

（二）专利的作用

专利在创新和发明领域中发挥着至关重要的作用，它具有多方面的功能，对个体创新者、企业和整个社会都产生积极影响。专利作为知识产权的一种形式，为创新者提供了保护其独创性成果的法律手段。通过获得专利，创新者可以获得在一定时间内对其发明的独占权，防止他人在未经允许的情况下使用、制造、销售或引入相似的产品或技术。这种独占权的确立激励了创新者进行更多的研发工作，因为他们知道一旦取得专利，就能够在市场上获得相对优势。

企业通过积极申请和保护专利，不仅可以确保自身的技术和产品不被竞争对手轻易模仿，还能够在商业谈判中拥有更强的议价能力。专利的存在使企业更具创新活力，推动其不断提高产品质量和技术水平，从而更好地满足市场需求。专利文件不仅包含了技术发明的详细描述，还提供了相关领域的最新进展。这种信息的公开对于其他研究者、企业和学术机构具有重要参考价值，有助于促进全球范围内的技术交流和合作。专利的公开还有助于建立技术领域的知识共享平台，加速技术创新的步伐。

在商业交易和投资中，拥有稳定和有价值的专利组合的企业更容易吸引投资者和获得融资支持。专利可以作为企业创新实力和技术实力的象征，为企业在市场上赢得信任和认可提供坚实基础。国家通过制定鼓励创新的法规政策，激励企业进行技术创新并申请专利，从而推动整个国家的科技水平不断提升。专利制度的健全和有效运作有助于构建创新生态系统，促进科技创新、产业升级和经济可持续发展。专利在推动创新、促进企业竞争、推动技术传播和共享、提升企业价值和推动国家科技进步等方面发挥着重要的作用。在现代知识经济时代，专利不仅是保护创新者权益的法律工具，更是推动科技发展和社会进步的强大引擎。

二、版权

（一）版权的含义

版权是指对于原创的文学、艺术和科学作品的法律保护权利，赋予创作者对其作品的独占性使用和授权他人使用的权力。这一概念旨在保护知识产权，确保创作者能够在其劳动成果上享有一定的经济和道德权益。

版权包含一系列权利，其中最基本的权利包括著作权、发行权、表演权、放映权、广播权和信息网络传播权等。著作权是版权的核心，它赋予创作者对其原创作品的独立使用权，包括复制、发行、展览、表演、放映等权利。发行权涉及作品的销售和发布，表演权涉及作品在公共场所的表演，放映权涉及电影和视频作品的放映，广播权涉及作品通过广播传播，信息网络传播权涉及作品通过信息网络传播。版权的含义不仅仅是对具体作品的保护，更是对创作者的创作激情和创作积极性的保障。通过版权，创作者可以在一定时期内享有对其作品的独占性权利，从而获得相应的经济回报，促使他们更加投入到创作过程中。同时，版权也起到了保护文化多样性、鼓励创新的作用，为社会创造了丰富的文化资源。

除了经济权利，版权还赋予了创作者一定的道德权利，包括署名权和保护作品完整性的权利。署名权要求他人在使用作品时标明作者姓名，保护作品完整性的权利则要求他人在使用作品时不得对其进行篡改、删减或歪曲，以尊重创作者的原意和创作精神。版权作为知识产权的一种，对于文学、艺术和科学作品的保护起到了至关重要的作用。它不仅是创作者的合法权益的体现，也是文化产业发展和社会文明进步的重要保障。通过建立健全的版权制度，社会能够更好地激励创作者的创作热情，推动文化产业的繁荣，为人类文明的不断进步提供坚实的法律基础。

（二）版权的作用

版权作为一种知识产权制度，在社会中发挥着多方面的重要作用，涵盖了经济、文化、社会等多个领域。

从经济层面看，版权作为创作者的知识产权，确保了他们对原创作品的独占性使用权。这一独占性使用权使得创作者能够在一定时期内对其作品进行商业化运作，包括出售、出租、许可使用等，从而获得经济回报。这种回报不仅是对创作者的劳动成果的公正报酬，也是对创作者创作的激励，推动其进行更多的创作活动。同时，通过创作的经济回报，文化产业得以发展，形成更加繁荣的市场。

从文化层面看，版权有助于保护文化多样性和创新。通过确保创作者对其作品的独占性权利，版权制度防止了未经授权的抄袭、盗版和滥用行为。这有助于维护作品的原创性，鼓励创作者进行更多的创新。同时，版权的存在促进了文学、艺术和科学领域的进步，为社会提供了丰富的文化资源。保护文化多样性不仅有利于传承和发展各种文化形式，也促进了不同文化之间的交流和融合。

版权在社会中还发挥着社会调节的作用。通过对创作者的权益进行法律保护，版权制度维护了社会中知识创造者的合法权益，增强了创作者的社会地位。这有助于社会形成对知识创造者的尊重和理解，为创作者提供更好的创作环境。同时，通过防止盗版等违法行为，版权制度促进了公平竞争，推动了文化产业的健康发展。版权的作用不仅仅是在法律层面上对创作者的保护，更是在经济、文化和社会等多个方面为整个社会系统提供了积极的推动力。通过确保知识产权的稳定性和可行性，版权制度为社会提供了一个有序、创新和繁荣的文化环境，为人类文明的进步和发展做出了积极的贡献。

三、专利、版权与创新的关系

（一）专利激励技术创新

专利制度作为知识产权的一种形式，在激励技术创新方面发挥着重要的作用。专利为创新者提供了一种保护机制，促使他们积极投入研发活动，从而推动科技的不断进步。专利授予创新者在一定时间内对其发明的独占使用权，这意味着其他人在未经授权的情况下无法使用、制造或销售该项发明。这种独占性权利为创新者创造了一个市场垄断地位，使其能够充分掌握市场份额，获取更高的收益。为了保护专利权益，创新者不仅需要对发明进行详细的描述，还需要付费进行专利注册。这一过程既是对创新者劳动的认可，也是一种经济上的奖励，从而激励了创新者进行更多的技术研究和创新活动。

创新是一个充满不确定性和风险的过程，创新者在投入大量资源进行研发时，面临着未知的市场反应和技术失败的风险。专利制度的设立，使得成功的创新者能够在市场上获得一定的垄断收益，用以弥补他们在研发过程中的成本和冒的风险。这种通过专利权益提供的经济回报，使得创新者更有动力去承担创新的高风险、高成本的特性。专利申请和公布为其他研究人员提供了宝贵的技术信息，促使他们进一步研究和改进。这种技术信息的传播有助于构建一个共享的技术知识库，为整个科技社区提供了更多的创新资源。创新者在分享技术信息的同时，也能够获得其他创新者的成果，形成一种相互促进的技术创新生态系统。

专利制度通过激励创新者、保护创新成果和促进技术传播，为技术创新提供了有力的支持。在现代经济体系中，专利制度成为推动科技进步和经济发展的关键机制，为创新者提供了可行的商业模式，同时也为整个社会创造了更加繁荣的科技环境。

（二）版权保护鼓励创意和文化创新

版权保护在创意和文化领域发挥着至关重要的作用，它为创作者提供了保护和激励，鼓励他们进行更多的创意和文化创新。版权作为知识产权的一种形式，主要应用于文学、艺术、音乐、电影等领域，旨在保护创作者的原创作品，为其创意付出提供一定的回报和激励机制。

通过版权登记，创作者可以获得对其作品的独占性使用权，其他人未经许可不能擅自复制、传播或展示该作品。这种法律保护使创作者能够更加放心地投入创作，因为他们知道一旦作品被认可为原创并登记获得版权，就有法律手段来保护他们的创意免受侵权。

创作者通常投入大量时间和精力创作独特的作品，而版权制度为他们创作付出提供了一定的经济回报。创作者可以通过销售作品、许可使用权或获得版税等方式获得报酬，这种回报不仅是对创作者个人努力的认可，也为他们提供了生计的基础，激发了创作者进行更多的创新。创作者在得知自己的创意受到法律保护后，更有动力去尝试新的表达方式、探索新的创作领域。这种积极的文化创新氛围有助于社会形成多元、丰富的文化生态系统，推动文学、艺术、音乐等领域的不断发展。

版权保护通过提供合法途径降低盗版风险，维护了创作者和文化产业的权益。盗版是一种侵犯创作者版权的行为，而有了版权保护，创作者可以通过法律手段维护自己的合法权益。这有助于维护文化产业的正常运作，促使人们更多地通过合法途径获取文化产品，从而为文化产业的可持续发展创造了条件。版权保护不仅为创作者提供了法律支持，还通过经济回报、文化创新的激励机制，促进了创作者进行更多的创意和文化创新。在全球范围内，建立有效的版权保护体系对于文化产业的繁荣和创意经济的发展至关重要。

（三）平衡专利和版权的保护水平

平衡专利和版权的保护水平是促进创新的关键因素，它需要在确保知识产权创造者权益的同时，不阻碍社会对知识和文化的合理使用。专利和版权作为知识产权的两大支柱，在创新的生态系统中发挥着各自独特的作用，但过度强调其中一种可能导致知识的封闭和创新的受限。因此，维持专利和版权的平衡，实现知识产权系统的有效运作，对于鼓励创新和促进社会进步至关重要。

专利和版权的设立初衷是为了激励创新者进行创意性的工作，并为他们提供合理的回报机制。然而，如果过度保护，可能导致创新垄断和市场壁垒的形成，阻碍了其他创新者的进入和竞争。因此，适度平衡专利和版权的保护水平，有助于防止知识产权的滥用，促进市场的竞争和创新的多元化。专利和版权的设立是在保护创作者权益的同时，也要考虑社会的整体利益。适度的专利和版权保护水平可以在一定程度上平衡创新者的权益与公共利益之间的关系，确保社会在使用知识产权时不会受到不必要的限制。这有助于避免因知识产权保护水平不当导致的技术垄断和社会资源的浪费。

知识的传播对于社会的进步至关重要，而适度的专利和版权保护水平可以在一定程度上促进知识的传播，使更多的人受益。过度的保护可能导致信息壁垒，限制了知识的自由流动，从而影响社会对知识和文化的广泛获取。因此，平衡专利和版权的保护水平有助于创造一个既保护创新者权益又促进知识传播的环境。专利和版权的制度应该是灵活的，能够适应不同领域和不同阶段的创新需求。平衡的保护水平可以激发创新者的积极性，使他们更加愿意分享知识、合作创新。这有助于构建一个积极互动、协同创新的生态系统，推动社会的不断进步。

平衡专利和版权的保护水平是促进创新、维护公共利益的关键要素。在知识产权制度中，既要保护创新者的权益，又要确保社会整体的利益得到充分考虑。通过合理的制度设计和法规调整，可以实现专利和版权在创新生态系统中的协同作用，为社会的可持续发展提供更多动力。

第三节 知识产权的国际经济学

一、知识产权制度有助于促进国际技术创新和转移

（一）创新激励和国际竞争

知识产权制度在促进国际技术创新和转移方面发挥着重要的作用，其中创新激励和国际竞争是关键因素。通过建立强有力的知识产权制度，国际上的企业和创新者得以在创新领域中获得合理的回报，并在竞争中保持领先地位。

在国际经济中，创新激励是知识产权制度的核心之一。知识产权制度通过授予创新者独占权，即专利、版权等，为他们提供了对创新成果的所有权和市场垄断权。这种独占地位为企业和创新者提供了强有力的激励，鼓励他们在技术研发、产品设计和文化创意等领域进行更多投入。在国际层面上，企业在全球范围内争夺知识产权的竞争，不仅是为了在本国市场上获得竞争优势，更是为了在国际市场上赢得领先地位。

第五章 知识产权与创新经济学

国际竞争是创新激励的重要动力。在全球化的背景下，各国企业和创新者在国际市场上展开激烈竞争，而拥有强有力知识产权的企业更有可能在竞争中脱颖而出。因此，为了在国际市场上占据有利位置，企业通常会加大在研发和创新方面的投入，以获取更多的知识产权。这种国际竞争的机制促使各国加强创新，推动技术的不断进步，形成了一种全球化的技术创新网络。

创新激励和国际竞争的相互作用推动了技术创新和转移。企业为了保护自身的创新成果，通过知识产权制度来确保在国际市场上的竞争地位。同时，由于国际市场的竞争，企业也需要不断引入和转移先进技术，以保持自身的竞争力。这种技术的跨国流动推动了全球范围内的技术创新和知识传播，构建了一个相互依存的国际技术创新生态系统。国际竞争也对知识产权制度提出了更高的要求。为了在全球范围内维护企业的知识产权，各国需要建立更为健全和透明的法律体系，加强知识产权的执法力度。这不仅有助于保护本国创新者的权益，更有利于吸引国际企业在本国进行研发和创新。因此，创新激励和国际竞争之间形成了一种相互促进的关系，共同推动了国际技术创新和转移的进程。

创新激励和国际竞争是知识产权制度促进国际技术创新和转移的关键机制。通过在全球范围内建立有效的知识产权保护体系，各国创新者和企业得以在国际竞争中获得公平的机会，从而推动了技术的不断进步和跨国技术创新的发展。这种相互作用为全球经济的可持续增长提供了强大的动力。

（二）知识产权制度有助于促进技术的国际转移和合作

知识产权制度是现代经济体系中的基石之一，它通过为创新者提供合法的保护和激励机制，推动了科技创新的发展。在这一制度框架下，专利、商标、著作权等各种形式的知识产权为创新者提供了对其独创性成果的所有权和专属权。这一制度的建立不仅鼓励了国内创新，也为国际技术创新和转移提供了有力支持。

由于知识产权的国际承认和保护，创新者更愿意分享其技术成果。通过专利等形式的知识产权，创新者可以在全球范围内获得对其发明的独占权，这使得技术在跨国界传播变得更加容易。跨国企业在不同国家之间转移技术，通过合法的知识产权保护，他们能够确保其在新市场中的竞争优势。这种国际技术转移有助于推动全球科技水平的均衡发展，促使各国在技术创新上取得更大的进步。

在知识产权的框架下，不同国家的创新者和企业可以更加自信地进行技术合作。合作双方可以通过合同和协议明确各自的权利和责任，确保创新成果的公正分享。知识产权制度为合作提供了法律保障，降低了合作风险，进而促进了国际间的技术合作。这种合作不仅有助于解决全球性的科技难题，也促使各国形成更加紧密的科技合作网络。

知识产权制度在促进国际技术创新和转移的同时，也面临一些挑战。一方面，知识产权的保护程度和标准在不同国家存在差异，这可能导致一些法律纠纷和不确定性。另一方面，知识产权的滥用也可能成为阻碍国际技术合作的因素，特别是在某些行业和领域存在垄断行为时。

通过为创新者提供合法的激励和保护，它推动了技术的国际传播和合作。然而，在利用知识产权制度的同时，各国也需要加强合作，共同应对知识产权制度可能面临的挑战，以促进更加公平和可持续的国际科技合作。

二、知识产权保护有助于吸引外商直接投资

（一）知识产权保护对创新密集型产业的吸引力很大

随着全球经济的不断发展，创新密集型产业逐渐成为各国经济增长的关键推动力。在这一背景下，知识产权的保护成为吸引外商直接投资的重要因素之一。知识产权包括专利、商标、著作

权等，是创新型企业和产业的核心竞争力所在。

创新是推动产业发展的动力源泉，而企业在投入大量资源进行研发和创新时，往往希望能够通过知识产权保护获得对其成果的独占权利。如果一个国家能够提供有效的知识产权保护，企业就更有信心投入创新，因为他们知道自己的努力不会轻易被复制或侵权。

国际领先企业往往拥有先进的技术和创新能力，但他们也更加注重自身知识产权的保护。如果一个国家的法律制度能够有效地保护这些企业的知识产权，它们就更有可能选择在该国进行直接投资。这不仅能够带来资金流入，还能够促使国内产业升级和技术水平提升。

良好的知识产权保护还能够吸引国际性的研发中心和创新团队在该国设立基地。这些研发中心通常依托于全球领先的科研机构和高校，是世界各地创新资源的聚集地。如果一个国家能够提供稳健的知识产权保护，这些国际性的研发中心就更有可能选择在该国建立分支机构，从而为国内带来前沿的科技成果和创新成果。

只有在法律制度健全、执行力度强大的情况下，国家才能够成为创新的热土，吸引更多的外国资本和创新要素流入，推动经济持续健康发展。因此，建立和完善知识产权保护制度，成为各国在全球竞争中脱颖而出的重要策略之一。

（二）知识产权保护对知识密集型企业的选择至关重要

在当今全球经济竞争激烈的环境中，知识密集型企业成为推动创新和经济增长的引擎。这类企业侧重于知识创造、技术创新，其核心竞争力主要来自对知识产权的掌握和运用。因此，一个国家是否能够提供良好的知识产权保护，直接影响着知识密集型企业在该国选择进行投资的意愿。

这些企业通常在研发和创新方面投入巨大的资金和人力资

源，希望能够保障其在市场上的竞争地位。知识产权制度的完善与否直接决定了企业是否能够在创新中获得合理的回报。如果一个国家的知识产权保护不力，企业可能面临技术被滥用、抄袭和仿制的风险，从而降低了它们在该国投资的积极性。这些知识产权不仅是企业在市场上的竞争工具，更是吸引投资的杠杆。外商投资者在选择投资地点时，往往会考虑目标国家的知识产权法律环境。如果一个国家提供了强有力的法律保护，外商投资者就更有信心将资金投入到该国，因为他们相信自己的投资会受到法律的保护，不会受到不公平竞争的侵害。

知识密集型企业的发展往往离不开科研人才的支持，而这些科研人才对知识产权的重视也是投资考量的一部分。一个国家是否能够为科研人员提供稳定的创新环境，包括知识产权的保护，直接关系到企业能否在该国吸引并留住顶尖的研发人才。知识产权保护对知识密集型企业的选择至关重要。一个法制健全、知识产权保护完备的国家，不仅能够吸引更多的知识密集型企业投资，推动经济的创新和升级，同时也能够在全球竞争中占据有利地位。因此，建立健全的法律框架和有效的知识产权保护体系，成为各国争取外商直接投资和促进知识经济发展的关键战略之一。

三、贸易谈判和知识产权规则

（一）知识产权与贸易谈判的关系

知识产权与贸易谈判之间存在紧密的关系，两者相互影响，共同塑造了国际贸易体系。知识产权在贸易谈判中扮演着重要的角色，其保护水平和规则的制定直接影响着各国在全球贸易中的地位和竞争力。

由于不同国家对知识产权的法律体系和保护水平存在差异，国际贸易往往涉及知识产权的争端和不确定性。为了建立一个公平、透明和可持续的国际贸易体系，各国通过贸易谈判共同商讨并规范知识产权的相关事宜。知识产权的协商涉及专利、商标、著作权等多个方面，以确保在全球范围内保护知识产权的一致性和有效性。

在谈判中，各国可能会运用知识产权来谋取更有利的贸易条件。这包括许可、合作和知识产权的开放等方面的议题。一些国家可能会利用知识产权作为谈判筹码，以获取更大的市场准入、降低关税壁垒或推动其他经济合作。因此，知识产权的开放与保护成为贸易谈判中的谈判策略的一部分。

通过规范知识产权的相关条款，贸易谈判可以影响技术在跨国界的传播。创新者在知识产权受到保护的前提下更愿意分享技术，促使技术的快速传播和应用。同时，知识产权的规范也影响市场准入条件，因为一些国家可能会要求在保护其国内产业利益的同时，对外国企业提出一定的知识产权要求。

不同国家对知识产权的看法可能存在差异，尤其是在发展中国家与发达国家之间。一些发展中国家可能认为过于强调知识产权保护可能成为技术壁垒，制约其经济发展。因此，在贸易谈判中需要平衡各国的利益，推动知识产权规则的制定既能保护知识产权，又能促进全球经济的共同繁荣。

知识产权与贸易谈判之间的关系是相互交织、相辅相成的。通过贸易谈判制定和调整知识产权规则，各国在全球贸易中更好地协调利益，促进技术创新和全球经济的可持续发展。在未来的贸易谈判中，应继续努力平衡知识产权的保护与开放，推动国际贸易更为公平、高效和可持续的发展。

（二）知识产权对国际贸易的影响

知识产权在国际贸易中发挥着重要的作用，它涵盖了专利、商标、著作权等多个领域，对于促进创新、保护创意成果、维护市场秩序等方面都起着关键性的作用。在贸易谈判中，知识产权规则往往成为各国争论的焦点，因为不同国家的经济和文化背景差异导致对知识产权的理解和重视程度存在差异。

专利制度可以鼓励企业投入更多资源进行研发，因为他们知道一旦他们取得了创新的成果，就能通过专利保护来获得一定期限内的独占权，从而保证他们对市场的竞争优势。这种保护机制有助于激发企业的创新活力，推动科技的进步，最终促进国际贸易的繁荣。

不同国家对知识产权的保护标准存在较大的差异，一些新兴经济体可能更倾向于灵活运用知识产权规则，以支持本国产业的发展。而发达国家则可能更强调知识产权的严格保护，以确保创新者的权益。这种分歧可能导致贸易谈判的僵局，需要在国际层面进行协商和调解。

不同国家对知识产权的理解往往受到本国文化的影响，一些国家可能更注重集体知识创新，而非个体创新。因此，在贸易谈判中，需要平衡各国的文化差异，以达成共识，并建立起相对公平的知识产权保护体系。

知识产权在国际贸易中既是推动力也是争议点。它通过激发创新活力促进了国际贸易的繁荣，但同时也需要各国在贸易谈判中就知识产权规则达成一致，以促进全球经济的可持续发展。在这个过程中，平衡各国的利益和文化差异是至关重要的，以确保知识产权的规定既能促进创新，又能在全球范围内维护公平和公正。

第四节　知识产权与创新政策

一、知识产权

知识产权是指在文学、艺术、科学、发明等领域中，对知识和创造性劳动所产生的成果的法律保护。它包括专利、商标、著作权、商业秘密等多个方面，是现代社会创新和经济发展的重要支柱。在当今全球化和信息化的时代，知识产权的保护对于创新和经济的可持续发展至关重要。首先，知识产权为创新提供了保障。创新是推动社会进步的引擎，而知识产权的设立和保护为创新者提供了必要的激励和回报机制。通过专利制度，发明者能够获得对其发明的独占权，鼓励他们投入更多的时间和资源进行研究与开发。这种独占权不仅激发了个体的创新热情，也为企业和社会创造了更好的发展环境。

著作权的建立使得创作者能够享有其作品的独立权利，包括复制、发行、表演等。这不仅为艺术家和作家提供了创作的动力，也保障了文化和艺术的多样性。通过著作权的保护，创作者能够在作品上获得应有的经济利益，从而维护其创作权益，激发更多人参与到文化创意产业中。

商标是企业在市场上的身份标识，它不仅有助于建立品牌形象，也提供了消费者辨认产品来源的便利。商业秘密则是企业经营中的关键资产，包括生产技术、销售策略等。通过保护商标和商业秘密，企业能够确保自己在市场上的独特性和竞争优势，促进市场的健康竞争和消费者的选择权。

国际间的知识产权保护协定和组织，如世界知识产权组织（WIPO）等，为各国提供了一个共同的框架，促使知识的跨国流动和共享。这有助于加强各国之间的合作，推动全球创新和经济的共同繁荣。

它不仅是创新的保障，也是文化和艺术创作的支持，同时在商业和国际层面上也发挥着关键作用。为了实现经济可持续发展和全球合作，各国需要不断完善知识产权法律体系，加强国际协作，共同推动知识产权的创新和保护。

二、知识产权与创新政策的关系

（一）知识产权为创新政策提供法律基础

知识产权作为创新政策的法律基础，为创新活动提供了坚实的法律保障。创新是推动经济增长和社会进步的引擎，而知识产权的设立和保护为创新者提供了合法的产权，鼓励他们在技术、科学、文学、艺术等领域进行创新性劳动。专利、著作权、商标等形式的知识产权确保了创新者对其成果的独占权，从而激发了他们的创新热情和投入。

通过专利制度，创新者可以申请专利保护，获得在一定时间内对其发明的独占权。这为企业和个体创新者提供了积极的激励，因为他们知道自己在创新领域的投入将得到法律的保护，而不必担心成果会被不正当手段复制或侵犯。这种法律的明确性和稳定性为创新提供了可预期的环境，使得创新者更有信心投入更多资源进行高风险的研发活动。

著作权则为文学、艺术、音乐等创意领域的从业者提供了创作权益的法律基础。艺术家、作家、音乐家等可以通过著作权保护自己的作品，确保其在市场上的独特性和原创性。这不仅为创作者提供了对其劳动成果的保护，也为文化和艺术创新提供了发展的空间。知识产权的法律基础为创新者提供了切实的利益回报，推动了更多人投入到创新和创作中。

商标的法律保护也在创新政策中发挥了重要作用。商标是企业在市场上的身份标识，通过商标的注册和保护，企业可以确保

第五章 知识产权与创新经济学

其品牌在市场上的独特性，建立品牌形象。这不仅有利于企业在竞争中占据优势地位，也为消费者提供了清晰、可信的产品来源信息。商标的法律保护为企业提供了稳定的商业环境，鼓励它们进行品牌创新和市场竞争。

知识产权为创新政策提供了法律基础，通过建立明确的产权制度，激励了创新者的投入和努力。这种法律基础不仅为企业提供了创新的动力和信心，也为社会创新环境的稳定性和可预期性奠定了基础。在制定和执行创新政策时，各国都应当注重知识产权的保护，以促进创新、推动经济发展。

（二）创新政策需要平衡知识产权的保护和知识的共享

创新政策在制定和执行过程中，需要巧妙平衡知识产权的保护和知识的共享。知识产权保护鼓励创新者进行投入和创造，但过度强调保护可能限制了知识的流动和共享，从而影响整个社会的创新能力和经济发展。因此，一个有效的创新政策应该在知识产权保护和知识共享之间找到平衡点，促进创新的同时确保知识的普惠性和可及性。

知识产权的保护是创新政策的重要组成部分。通过确立专利、著作权、商标等制度，政府为创新者提供了对其劳动成果的法律保护，鼓励他们进行更多的研究和开发。这种保护机制为创新者提供了合理的回报机制，激发了他们的积极性。企业和个体在知道自己的创新成果受到法律保护的情况下，更愿意进行高风险的研究，推动了科技、文化和商业领域的创新。

然而，创新政策不能仅仅注重知识产权的强化，还需关注知识的共享。知识的共享有助于促进更广泛的创新，推动社会整体的进步。过度强调知识产权保护可能导致垄断，阻碍了知识的传播和应用。因此，在创新政策中，政府需要通过合理的制度和法规来促进知识的共享，确保创新成果能够惠及更多人，为整个社会创造更多价值。

创新政策中实现平衡的方式是推动开放创新。开放创新强调通过合作和共享来推动创新，使得不同领域、组织和个体能够共同参与创新过程。政府可以通过建立开放创新平台、支持开源项目等方式，促进不同实体之间的知识流动和合作，实现知识的开放共享。这样的政策既能保护知识产权，又能推动知识的广泛传播，为社会创新创造更多机会。

创新政策还可以通过制定合理的知识产权法规，鼓励技术标准的制定与共享，以促进产业间的协同创新。政府可以设立专门机构，引导不同产业之间建立共享平台，共同研发和分享先进技术，推动整个产业链的协同创新，提高整体创新水平。

在知识经济时代，创新政策的制定不仅要考虑知识产权的保护，更要关注知识的共享。通过平衡两者，政府可以打造一个创新友好的环境，激发广泛创新活力，推动社会的可持续发展。因此，创新政策需要具有灵活性和前瞻性，适应不断变化的知识产权和创新环境，以实现知识产权保护和知识共享的有机结合。

第六章　金融与创新经济学

第一节　风险资本与创新投资

一、风险资本

（一）风险资本的定义

风险资本，又称风险投资或风投，是一种投资形式，旨在支持初创企业或高成长潜力企业的发展，通过注入资金、提供管理经验和资源，以期获得较高回报。风险资本的特点在于其投资对象通常处于初创阶段或高风险高回报的行业，如科技创新、生物技术、清洁能源等领域。投资者（风险资本家）愿意承担企业发展中的不确定性和风险，与创业者分享成功的回报。这种形式的资本注入有助于推动创新、促进经济增长，并在全球范围内形成了独特的投资生态系统。风险资本的介入不仅为初创企业提供了迅速发展的资金支持，同时也在促使企业更加注重创新和市场竞争力，从而成为推动产业升级和社会进步的重要力量。

（二）风险资本的特点

风险资本，作为一种资本投资形式，具有其独特的特点，这些特点包括高风险高回报、长期投资、股权融资、专业管理等方面。

投资者投入风险资本时，往往承担着相当程度的投资风险，因为创业和初创企业的成功并非总是确定的，存在着失败的可能性。然而，与高风险相伴随的是潜在的高回报。成功的投资可以带来巨大的利润，使得投资者能够获得比传统投资更高的回报率。

由于初创企业通常需要时间来发展和成长，风险资本投资者往往需要对投资进行长期持有，以等待企业实现盈利并创造价值。这与短期投机性质的投资有所不同，需要投资者具备耐心和战略眼光。

与传统的债务融资不同，风险资本投资者通过购买企业的股权，成为企业的股东。这种融资方式使得企业可以在初始阶段获得必要的资金，同时分担了一部分经营风险。对投资者而言，股权投资也提供了与企业共同成长的机会，与企业的成功或失败直接相关。

投资者往往通过风险投资基金等专业机构进行投资，这些机构通常具备专业的投资团队和管理团队，能够为投资项目提供经验丰富的指导和支持。这种专业管理有助于降低投资风险，提高投资的成功概率。

风险资本具有高风险高回报、长期投资、股权融资、专业管理等特点。这种投资形式推动了初创企业的发展，促进了创新和经济增长。然而，投资者在参与风险资本投资时需要认识到其中的风险，并制定相应的战略和计划，以实现投资的成功。

二、创新投资

（一）创新投资的定义

创新投资是指投资者将资金注入具有高风险高回报潜力的创新项目，以支持新技术、新产品或新服务的研发和商业化。这种投资形式旨在推动社会经济的发展，通过支持创新活动，促使科技、产业和商业的不断进步。创新投资的对象通常是初创企业、科技创新团队或研发机构，其特点在于对未来不确定性的投资，

第六章　金融与创新经济学

以期在创新领域取得竞争优势，并获得可观的投资回报。创新投资不仅为创新者提供了资金支持，同时也带动了创新生态系统的形成，包括孵化器、加速器等，形成了一个全方位的支持体系，推动了科技创新从实验室走向市场，加速了产业结构的升级和经济的可持续发展。这种投资形式不仅是资本与创新之间的有效连接，更是推动社会向更加创新型、智能化的方向发展的关键引擎。

（二）创新投资的作用

创新投资作为一种资本配置方式，在当今全球经济中扮演着至关重要的角色。其作用不仅体现在推动科技创新和产业发展方面，还在促进经济增长、提升竞争力、改善生活品质等多个层面展现出深远的影响。

通过向科技创新领域注入资金，创新投资为企业提供了实施研发计划、开发新技术和产品的资金支持。这不仅有助于推动前沿科技的突破，还促进了各行业的技术升级和创新能力的提升。创新投资机构通常与科技企业合作，分享风险并分享成功，激发了更多的创新活力，推动了科技的快速发展。创新投资对产业发展和经济增长具有积极的推动作用。通过资助初创企业和高科技行业，创新投资不仅有助于培育新兴产业，还能够带动整个产业链的升级和转型。这为国家和地区的经济增长提供了新的动力源，创造了就业机会，推动了创新型经济的建设。因此，创新投资被视为促进产业结构升级和经济可持续增长的有效手段。

通过引入外部资金和专业知识，企业能够更好地应对市场竞争，加速产品研发周期，提高产品质量，拓展市场份额。创新投资机构通常会为被投资企业提供战略指导和资源支持，帮助其在竞争激烈的市场中站稳脚跟。因此，创新投资对于提升企业的竞争力和市场地位发挥了关键性的作用。

投资于生物技术、医疗健康、环保科技等领域的创新项目，可以推动医疗技术的进步，改善医疗服务水平；促进环保科技的发展，解决环境污染和资源浪费等问题。通过创新投资支持社会责任项目，既实现了资本的回报，又为社会带来了实际的福祉。

创新投资在推动科技创新、促进经济增长、提升竞争力和改善生活品质等方面发挥着不可替代的作用。它是推动社会进步和经济发展的引擎之一，为创新型经济的构建和可持续发展做出了重要贡献。在全球经济高度竞争的环境下，创新投资的重要性将更加凸显，为各个国家和地区创造更加繁荣的未来。

三、风险资本与创新投资的关系

（一）风险资本为创新投资提供经验与资源支持

风险资本与创新投资之间存在密切的关系，其中风险资本不仅为创新投资提供资金支持，更重要的是通过经验和资源的注入，助力创新企业实现可持续的发展。这一关系在推动科技创新、培育新兴产业、提升竞争力等方面发挥着关键的作用。

创新项目通常面临较高的不确定性和风险，传统的融资途径可能无法满足创新企业在初创阶段的融资需求。风险资本投资者愿意承担较高的投资风险，通过购买企业股权的方式为其提供资金。这种股权投资模式使得创新企业能够在初创阶段获得充足的资金，支持其进行研发、市场推广等活动，为创新投资打下了坚实的资金基础。

风险投资机构通常拥有经验丰富的投资团队，这些团队成员可能具备多年的行业经验和成功的创投案例。通过与创新企业的合作，风险资本投资者能够为企业提供战略指导、业务管理和市场拓展等方面的专业支持。这种经验分享和导师式的支持有助于创新企业更好地应对市场变化、规避业务风险，提高企业的成功概率。

投资者往往在不同行业领域拥有丰富的资源和关系，可以帮助创新企业建立合作关系、寻找合适的业务伙伴。这种资源网络的拓展有助于创新企业更好地融入市场，加速产品的推广和市场份额的拓展。通过与风险资本合作，创新企业能够借助其庞大的社会网络，获取更多的商业机会和合作伙伴。这种股权结构使得投资者与企业的利益紧密相连，共同分享企业的成败。风险资本投资者的参与不仅带来了财务上的支持，还在管理和决策层面提供了更深入的合作。这种紧密的合作关系有助于加强企业与投资者之间的信任，共同致力于企业的长期发展。

风险资本通过提供资金支持、经验指导、资源网络和管理参与等多方面的支持，为创新投资提供了关键的支持和推动力。这种合作关系有助于创新企业更好地应对市场的挑战，提高其竞争力，推动科技创新的不断推进。在全球经济不断变化的背景下，风险资本与创新投资的紧密关系将继续在推动经济发展和社会进步中发挥着重要的作用。

（二）风险资本为创新投资提供资金支持

风险资本在创新投资中扮演着至关重要的角色，其中最为显著的方面之一是提供资金支持。创新投资通常面临高风险、高不确定性的特点，而风险资本的介入为那些具有创新潜力的企业提供了稳定而灵活的资金来源，推动了科技创新、产业发展以及经济的不断进步。

相较于传统的融资方式，如银行贷款或债券发行，风险资本采用股权投资模式，直接购买企业的股份。这使得初创企业无须背负沉重的债务负担，而是与风险资本投资者共同分享未来企业的成败。由于创新项目常常处于探索阶段，需要大量资金进行研发和市场推广，风险资本的注入为这些项目提供了资金上的充分支持。风险资本的投资决策更加灵活，有助于满足创新项目不同阶段的资金需求。由于创新投资涉及市场尚未验证的新领域，项目的盈利周期相对较长，传统融资渠道可能无法满足其独特的融资需求。而风险资本投资者对创新项目的投资决策更注重长期价值，愿意为项目提供较为灵活的资金支持，以促进项目的快速发展和实现商业化。

在创新领域，由于不确定性较高，创新项目存在失败的可能性。风险资本投资者通过成为企业的股东，分享项目的风险，表明了对项目的信心。这种共担风险的机制不仅降低了企业的经营风险，也激发了创新者的积极性，推动项目更快、更有效地向前推进。

风险资本机构通常拥有丰富的行业经验和专业知识，能够对潜在投资项目进行全面的尽职调查，评估项目的市场潜力、团队能力以及商业模式的可行性。这种专业的投资决策过程有助于筛选出有潜力的创新项目，提高整个投资组合的质量。

风险资本通过提供灵活的资金支持、共担风险、并具备专业的投资团队，为创新投资创造了有利的环境。这种紧密的合作关系推动了创新项目的蓬勃发展，促进了科技创新和经济的不断繁荣。风险资本与创新投资的互动不仅推动了个别项目的成功，更在全球范围内推动了产业结构的升级和经济的可持续发展。

（三）风险资本引导市场导向的创新

风险资本在引导市场导向的创新方面发挥着关键的作用，其投资决策和资源支持不仅塑造了市场趋势，也推动了创新项目的发展。这种关系不仅影响企业的经济表现，更塑造了整个产业的未来方向，促进了科技创新和社会进步。风险资本投资者在选择项目时通常会关注项目的前瞻性和市场潜力，他们的投资决策直接塑造了创新项目的方向。由于风险资本的关注点通常集中在科技、生物技术、人工智能等高科技领域，这种选择性投资使得市场更加倾向于那些具有前沿科技和高增长潜力的项目，引导市场向科技创新的方向发展。风险资本通常愿意投资于尚处于初创阶段的企业，这些企业可能在新兴产业中探索新的商业模式、技术创新和市场机会。风险资本的投入为这些新兴产业提供了资金支持，同时也为其带来了更多的关注和认可。这种关注使得新兴产业能够获得更多的投资，加速成长，并最终在市场中占据一席之地。

由于风险资本通常更愿意投资于具有高科技含量和创新性的项目，企业为吸引风险资本的投资往往会加大在研发领域的投入，强调技术创新和产品差异化。这种市场导向的创新战略推动了企业更加注重研发投入，不断提高其技术水平和市场竞争力。

颠覆性创新通常指的是一种可以彻底改变产业格局和市场规则的创新。由于风险资本的投资决策更注重前瞻性和颠覆性的项目，其投资可以为那些具有颠覆性潜力的项目提供更多机会。这种投资方向有助于推动产业结构的深度调整，推动市场朝着更为创新、高效的方向发展。其选择性的投资决策、资金支持以及对新兴产业的关注，直接塑造了市场的发展方向，推动了科技创新和社会进步。风险资本与市场导向的创新的紧密关系促使企业更加注重创新、技术升级，也为整个产业带来了更为繁荣和有活力的发展前景。在未来，风险资本将继续在引导市场导向的创新方面发挥关键作用，推动着经济的不断创新和提升。

第二节 创新金融市场的经济学特征

一、高风险高回报

创新金融市场具有高风险高回报的经济学特征，这一特点在吸引投资者和推动市场创新方面起到了关键作用。创新金融市场的经济学特征之一是高风险高回报。这一特征表明，参与创新金融市场的投资者在追求更高的回报的同时，也需要承担更大的风险。这种高风险高回报的经济模式在创新金融领域得到了广泛应用，其背后涵盖了多个方面的因素。

新型金融产品和服务往往涉及未经验证的商业模式、技术或金融工具，因此存在较大的不确定性和潜在风险。投资者在支持和参与这些创新项目时，往往需要面对市场和技术风险，这也为他们提供了获取更高回报的机会。

为了在竞争激烈的金融市场中脱颖而出，金融机构和创业公司倾向于推出具有较高风险和回报潜力的产品。这种竞争动态鼓励市场参与者更加勇敢地尝试新理念和新方法，推动了整个金融行业的创新[1]。

寻求更高回报的投资者通常愿意在更具风险的领域中进行投资，尤其是在创新领域，以期望取得更大的利润。这种投资者的风险偏好为创新金融市场提供了更多的资金和动力，促使市场更加活跃。

投资者可能面临较大的资金损失，特别是在投资高风险项目时。此外，市场可能受到不稳定性和波动性的影响，需要监管机构和市场参与者采取相应措施以维护金融市场的稳定性和健康发展。

创新金融市场的高风险高回报特征既为投资者提供了追逐更高利润的机会，也为市场创新和竞争注入了活力。然而，为了确保金融市场的稳健运行，监管、透明度和风险管理等方面的有效措施也显得尤为重要。

二、科技性强

创新金融市场的经济学特征之二是科技性强。这一特征体现在金融市场中广泛采用和整合先进科技，包括区块链、人工智能、大数据分析等，以推动金融服务的创新和效率提升。在当今

---

[1] 刘乐淋，杨毅柏. 宏观税负、研发补贴与创新驱动的长期经济增长[J]. 经济研究，2021，56（05）：40-57.

数字化时代，科技的迅猛发展深刻影响了金融行业，创新金融市场的科技性强成为其显著的经济学特征之一。首先，区块链技术在创新金融中发挥着关键作用。区块链作为去中心化、不可篡改的分布式账本技术，为金融交易提供了更高的透明度和安全性。智能合约，作为区块链的一部分，通过自动执行合同条款，简化了金融交易流程，降低了交易成本。

人工智能（AI）在创新金融市场中的应用不断拓展。AI技术可以用于风险评估、信用评分、投资组合管理等方面，提高金融机构的决策效率。智能助手和虚拟顾问也为个人投资者提供更个性化、精准的金融建议。这种智能化的金融服务不仅提高了用户体验，还推动了金融市场的数字化转型。

大数据分析是创新金融市场另一个不可或缺的科技要素。金融机构通过分析海量数据，能够更好地了解市场趋势、客户需求和风险因素。这有助于制定更精准的市场策略、个性化的金融产品，并优化风险管理模型。大数据的运用也为金融科技公司提供了更多创新的可能性，促进了金融服务的差异化和个性化。

金融科技公司的崛起是科技性强的又一表现。这些公司通过创新性的技术解决方案，打破传统金融的壁垒，提供更灵活、高效的金融服务。从支付、借贷到投资，金融科技公司的创新产品和服务推动着整个金融行业向数字化和智能化的方向发展。

科技性强的创新金融市场不仅提高了金融服务的效率和便利性，也促进了金融生态系统的升级和演进。然而，与之相伴的挑战包括科技风险、数据隐私问题以及监管政策的跟进。因此，为了保障金融市场的稳健发展，监管机构和金融从业者需要共同努力，制定适应科技发展的合理规范，确保科技在金融创新中发挥积极作用。

三、市场效率高

创新金融市场的经济学特征之三是市场效率高。这一特征表

创新经济学研究

明,在创新金融领域,信息传递迅速、资源配置有效,从而推动市场的高效运转。市场效率高是创新金融市场的一项重要经济学特征,它体现在市场参与者迅速获取和利用信息、资源有效配置以及交易的高效率等多个方面。首先,创新金融市场的高效运作与信息的及时传递密切相关。数字化时代的到来极大地促进了信息的流通,金融市场通过各种互联网平台、应用程序和智能设备实现实时信息传递,使市场参与者能够更及时地获取并响应市场变化。

市场效率高还体现在资源的有效配置。创新金融市场通过采用先进的技术手段,如大数据分析、人工智能等,对市场中的资源进行更精准的识别和配置。这不仅有助于提高资金的利用效率,还促使市场中的各方更加注重创新和效率,从而推动整个金融生态系统的升级。

交易的高效率是市场效率高的又一表现。在创新金融市场中,数字化和自动化的交易系统大大提高了交易速度和执行效率。智能合约等技术的引入使得交易可以在不需要中介的情况下自动执行,减少了交易中的时间滞后和人为因素的影响。这种高效的交易机制有助于降低交易成本,提高市场的流动性,为投资者和企业提供更为便利的融资渠道。这些公司通过采用新技术、发展新产品和服务,能够更迅速地适应市场变化,提高市场的反应速度。金融科技公司的创新推动了整个金融生态系统的不断演进,使市场更加适应当今快速变化的商业环境。

高市场效率也面临一些挑战,如信息不对称、市场操纵等问题。在信息不对称的情况下,某些市场参与者可能获得了更多的信息,从而在交易中获得不正当的利益。监管机构需要采取措施保障信息披露的公平性,维护市场的公正和透明。此外,高效的市场需要有强有力的监管制度来确保市场秩序,防范操纵行为,维护投资者权益。

创新金融市场的高市场效率是数字化和科技发展的产物,它为市场参与者提供了更便捷的交易环境、更高效的资源配置和更迅速的信息获取,推动了金融市场向更为先进和有效的方向发展。然而,在确保市场健康运行的同时,监管和制度建设也至关重要,以应对可能出现的挑战和风险。

四、市场竞争大

创新金融市场的经济学特征之四是市场竞争大。这一特征意味着在创新金融领域,各种金融机构和科技公司竞相推出创新产品和服务,不断争夺市场份额。市场竞争的激烈程度是创新金融市场的显著特征之一,各类金融机构和科技公司在这一领域积极参与,推动市场不断演变。首先,市场竞争大部分源于数字化和科技创新的推动。随着技术的不断发展,金融服务不再局限于传统的银行和金融机构,而是吸引了更多科技公司涉足。这些科技公司通过创新的技术手段,打破传统金融的壁垒,推出更为灵活、便捷、个性化的金融产品,加剧了市场竞争的激烈程度。

金融科技公司通过采用新技术、智能算法、大数据分析等手段,推动了金融服务的数字化和智能化,同时也改变了传统金融的商业模式。这些创新模式的出现引发了行业内外的竞争,推动了整个金融生态系统的变革。

一些国家和地区通过推动金融监管的创新,为新型金融机构和科技公司提供了更为宽松的准入条件,促使更多创新者进入市场。这种监管的开放性不仅有助于激发金融创新,也为市场竞争注入更多活力。市场竞争的激烈程度在一定程度上带来了许多积极的影响。它推动了金融产品和服务的创新。为了在竞争中脱颖而出,各类金融机构和科技公司不断推陈出新,推出更具竞争力的产品,从而提升了整个市场的服务水平和质量。市场竞争大也降低了金融产品的价格,使得消费者能够更便宜地获得更多金融服务，促使市场更好地满足了消费者的需求。

激烈的市场竞争可能导致一些企业采取过度竞争的手段，牺牲产品质量和服务水平，从而损害了市场的整体健康。市场竞争可能引发一些不当竞争行为，如价格倾销、虚假宣传等，需要监管机构采取相应措施维护市场秩序。

市场竞争大是创新金融市场的一项重要经济学特征，它推动了金融服务的创新和发展，降低了产品价格，提高了服务水平。然而，在市场竞争的过程中，监管和行业自律同样至关重要，以确保市场竞争的公平性和健康性，维护消费者权益。

五、市场快速变化

创新金融市场的经济学特征之五是市场快速变化。这一特征表明，在创新金融领域，市场状况和技术发展迅速变化，金融机构和科技公司需要不断适应新的环境和趋势。市场的快速变化是创新金融市场的显著特征之一，数字化技术的不断演进和全球金融生态的变化使得市场环境充满了不确定性和动态性。首先，科技的快速发展是市场变化的主要推动力之一。新兴技术的涌现，如区块链、人工智能、大数据分析等，不断改变着金融服务的面貌。金融机构和科技公司需要迅速了解并采用这些新技术，以保持竞争力。

市场快速变化与全球金融市场的互联互通密切相关。全球化的金融市场使得国际金融动态和政策变化对本国金融市场产生直接而快速的影响。金融机构需要时刻关注国际金融动态，灵活应对市场的变化，调整投资组合和风险管理策略。

金融科技的崛起是市场快速变化的又一重要因素。金融科技公司通过引入新技术和创新的商业模式，迅速改变着传统金融的格局。新型支付方式、智能合约、数字化银行等创新产品和服务层出不穷，推动着金融市场从传统向数字化和智能化的方向迅速转变。

市场快速变化的经济学特征带来了一系列的机遇和挑战。首先，它激发了金融机构和科技公司的创新意识和积极性。面对市场的快速变化，金融机构需要不断推陈出新，推出更符合市场需求的产品和服务。其次，市场快速变化为投资者提供了更多投资机会。市场的不断演变使得新兴行业和领域的投资机会层出不穷，投资者可以根据市场动态灵活调整投资组合，获取更高的回报。

在这个充满变化的环境中，金融从业者需要具备更强的学习和适应能力，注重创新和科技应用，以迎接市场的挑战并把握机遇。同时，监管机构也需要加强监管和政策创新，以引导市场健康发展，确保金融市场的稳定和可持续性。总体而言，市场的快速变化是创新金融市场的一项重要经济学特征，需要各方共同努力应对变化中的机遇和挑战。

第三节 创新金融产品与服务

一、主流的创新金融产品

（一）绿色金融产品

绿色金融产品是创新金融市场中备受关注的一类产品，其目的在于推动可持续发展和环保理念，通过资金的有效配置促进环境友好型项目的发展。这一类产品的主要特征包括支持环保和社会责任项目、具备可持续性、透明度高以及对环境影响的评估等。绿色债券、绿色贷款、绿色基金等绿色金融产品在近年来逐渐崭露头角，对金融行业和全球可持续发展产生深远影响。

绿色债券是绿色金融产品中的重要组成部分。这类债券的募集资金主要用于支持环保和可持续发展项目，如清洁能源、节能减排、可再生能源等。发行绿色债券的企业或机构通常要遵循一系列绿色债券原则，确保募集的资金用于符合环保标准的项目。这种债券的推出既为投资者提供了可持续的投资选择，同时也为环保项目提供了更为便捷的融资渠道。

绿色贷款是另一类受欢迎的绿色金融产品。绿色贷款的特点在于借款人必须将贷款资金用于环保和可持续发展项目，确保资金的流向符合绿色金融的理念。这种贷款模式鼓励企业在其经营活动中更多地考虑环保因素，推动可持续经济的发展。金融机构通常通过对借款人环保项目的评估，确定是否符合绿色贷款的资格要求。

绿色基金也是绿色金融产品中备受关注的一种。绿色基金的资金投向主要用于支持环保产业和社会责任项目，涵盖了多个领域，如可再生能源、清洁技术、环保科技等。投资者通过购买绿色基金，既能获得投资回报，同时也为环保事业贡献一分力量。绿色基金的推出促使了资本向更为可持续的方向流动，为环保产业提供了更为广泛的融资支持。

绿色金融产品的推出不仅推动了环保产业的发展，也为投资者提供了更为多样化和可持续的投资选择。这些产品通过引导资金流向环保和社会责任项目，不仅推动了环保产业的技术创新和市场拓展，同时也在金融行业中引领了一场可持续发展的浪潮。然而，对于这类产品而言，透明度和环境标准的制定是至关重要的，以确保投资者能够真实了解资金的流向和环境效益。监管机构和金融机构应当共同努力，建立更为完善的标准和评估体系，以推动绿色金融产品行业的规范发展。

（二）数字货币

数字货币是创新金融市场中备受瞩目的产品之一，代表性的包括比特币、以太坊等。这类货币基于区块链技术，具有去中心化、可追溯、安全高效等特点，对传统金融体系产生了深远影响。数字货币作为一种新型资产和支付手段，引起了广泛关注，其去中心化和可编程性质使得其应用领域不断扩大，涵盖了投资、支付、合约等多个方面。

比特币是最为著名的数字货币之一。作为第一代区块链技术应用，比特币通过去中心化的共识机制，实现了交易的安全和可追溯性。比特币的有限发行量和去中心化的特性吸引了投资者的关注，使其成为一种被广泛认可的价值存储和避险资产。比特币的出现也挑战了传统货币发行和传输的模式，引发了对数字货币在金融领域的广泛讨论。

以太坊是一种具有智能合约功能的数字货币。相比于比特币，以太坊更加注重可编程性，允许开发者在其区块链上运行智能合约，实现去中心化应用（DApps）的开发。以太坊的智能合约功能使得数字货币不仅能够作为一种支付手段，还能够支持更为复杂和多样化的金融交易，如去中心化金融（DeFi）产品的发展。

稳定币是数字货币领域的另一创新产品。稳定币的价值通常与法定货币或其他资产挂钩，旨在减轻数字货币市场的波动性，提高其在支付和交易中的可接受性。美元稳定币、欧元稳定币等在数字货币市场中逐渐崭露头角，为用户提供了一种更为稳定的数字支付工具，同时为数字资产交易提供了一定程度的避险选择。

数字货币的出现改变了传统金融的格局，为金融市场带来了新的可能性和机遇。其去中心化和可编程性质使得金融服务更加灵活和高效，同时也提出了一系列的挑战，如监管、安全性、合规性等问题需要得到妥善解决。数字货币作为一种全新的金融工具，正在逐渐被金融机构、投资者和消费者接受，未来将持续推动金融行业的数字化转型。监管机构需要积极跟进并制定相应政策，以确保数字货币在金融体系中的安全合规运行。数字货币的发展也需要行业参与者共同努力，推动其在金融市场中的合理应用和稳健发展。

二、主要的创新金融服务

（一）数字支付和移动支付

数字支付和移动支付是创新金融服务领域的主要产品之一，代表着金融科技对传统支付方式的颠覆和改进。这两种支付方式的兴起源于数字化时代的发展，以便捷、高效、安全为特点，深刻改变了人们的支付习惯和金融交易模式。数字支付包括在线支付、电子钱包等，而移动支付则主要通过智能手机等移动设备进行。这两者的结合推动了支付方式的全球变革，对商业、个人和整个金融生态系统都产生了深远的影响。

数字支付的崛起改变了传统支付方式，使得人们能够更加便捷地进行电子交易。在线支付作为数字支付的一种形式，通过互联网实现了实时的资金划转，使得购物、服务付费等变得更加迅速和便利。消费者只需通过电脑或智能终端完成简单的操作，即可完成交易，省去了传统纸质货币和银行卡的使用。

电子钱包是数字支付中的一种典型形式，通过储值、预付和线上支付等功能，为用户提供了全新的支付体验。用户可以将资金充值至电子钱包中，随时随地使用智能手机或其他移动设备进行支付。这种数字支付方式不仅提高了支付的效率，还增加了支付的便捷性，符合现代人们追求高效生活的需求。

移动支付作为数字支付的一种延伸，更加注重支付的便携性和灵活性。通过在智能手机上安装支付应用，用户可以直接使用手机进行支付，无须携带实体信用卡或现金。移动支付的兴起推动了支付场景的扩展，包括线下零售、公共交通、自助售货机等，使得用户在生活的各个方面都能够享受到便捷的支付体验。

数字支付和移动支付的发展也催生了二维码支付、NFC技术等创新。二维码支付通过扫描二维码完成支付,方便快捷,已经成为一种广泛应用的支付方式。NFC 技术则通过近场通信实现支付,用户只需将手机靠近 POS 终端即可完成交易,提高了支付的速度和便利性。

数字支付和移动支付的普及也带动了金融科技公司和支付机构的崛起。支付宝、微信支付等移动支付平台迅速发展,成为用户日常支付的主要选择。数字支付服务的提供商不仅满足了用户的支付需求,还通过数据分析、风控技术等手段提高了支付的安全性和用户体验。

随着数字支付和移动支付的普及,也带来了一些挑战。支付安全、用户隐私、跨境支付标准等问题亟待解决。监管机构需要密切关注支付行业的发展,制定相应政策和标准,保障数字支付和移动支付的健康发展。总体而言,数字支付和移动支付的兴起为社会提供了更为便捷和高效的支付方式,同时也推动了金融科技的创新和发展。

(二)数字银行和在线银行服务

数字银行和在线银行服务是创新金融服务领域的重要组成部分,代表着金融科技对传统银行业务模式的颠覆和更新。这两者通过数字化技术、互联网平台等手段,提供了更便捷、灵活、高效的银行服务,深刻改变了用户的银行体验和金融服务方式。数字银行和在线银行服务包括了线上开户、移动银行、智能客服等多个方面,为用户提供了全新的金融服务体验。

数字银行作为一种新型银行业态,主张通过数字化技术实现全流程在线服务,摒弃了传统银行网点的概念。数字银行的兴起推动了银行服务的全面数字化,包括线上开户、电子身份验证、数字化贷款等,实现了用户从任何地点、任何时间都能够方便地进行银行业务操作。数字银行通过互联网和移动设备为用户提供了更加便捷、高效的服务,降低了用户办理业务的时间和成本。

在线银行服务是数字银行的一种表现形式，注重通过互联网平台为用户提供全面的银行服务。在线银行服务包括移动银行、网上银行等，用户可以通过手机、电脑等终端轻松完成各类银行操作。移动银行应用的兴起使得用户能够在手机上随时随地进行账户查询、转账汇款、理财投资等操作，极大地提高了用户的金融服务体验。

数字银行和在线银行服务还注重通过创新技术提高用户体验。智能客服、人工智能风控、区块链技术等被广泛应用于数字银行和在线银行服务中，为用户提供更为个性化、安全、高效的服务。智能客服通过自然语言处理和机器学习等技术，为用户提供更智能的咨询和服务；区块链技术的应用则提高了交易的透明度和安全性。数字银行和在线银行服务的兴起不仅改变了用户的银行体验，也对传统银行业务模式提出了新的挑战。传统银行需要加速数字化转型，提升在线服务的水平，以满足用户日益增长的数字化需求。同时，监管机构也需要积极跟进数字银行和在线银行服务的发展，加强监管框架，确保数字化金融服务的安全性和合规性。数字银行和在线银行服务的兴起为金融行业带来了全新的发展机遇，提高了金融服务的普惠性和便捷性。然而，也需要行业参与者共同努力，合理应对相关风险和挑战，以确保数字银行和在线银行服务的持续健康发展。

（三）社交媒体金融服务

社交媒体金融服务是创新金融领域的一项重要服务，通过整合金融服务和社交媒体平台，为用户提供更加个性化、社交化的金融体验。这一服务形式借助社交媒体的强大影响力和用户互动性，将金融服务引入社交场景，涵盖了社交支付、社交理财、P2P借贷等多个方面。社交媒体金融服务不仅拓展了金融服务的传播途径，也推动了金融服务个性化和社交化的发展。

社交支付是社交媒体金融服务的一个重要方向。通过社交媒体平台，用户可以方便地进行支付和转账操作，与好友共享消费体验。社交支付不仅提高了支付的便捷性，也为用户创造了更加社交化的支付体验。例如，通过微信红包、支付宝拼手气等功能，用户可以在社交圈内进行有趣的支付互动，增强了用户对支付行为的参与感和娱乐性。

社交理财是社交媒体金融服务的另一个创新形式。通过社交媒体平台，用户可以分享自己的理财经验、关注优秀的理财达人，并参与理财社群的讨论和分享。一些社交理财平台还提供了模拟交易、虚拟投资组合等功能，帮助用户更好地了解金融市场和投资策略。社交理财将传统理财服务融入社交网络，使得理财更加个性化、透明化，并促进用户之间的互动和共学。

P2P借贷平台的发展也与社交媒体金融服务密切相关。社交媒体提供了一个信息传播的便捷平台，借款人和投资人可以通过社交媒体平台更广泛地获取信息、建立信任关系。一些P2P借贷平台通过社交网络的背书、好友推荐等方式，增加了借贷行为的社交属性，提高了借款人和投资人的互信度。

除此之外，社交媒体金融服务还包括了社交保险、社交基金等多个方向。社交保险通过社交网络分享风险，建立共同保障的社群，增加了保险的社交性和参与感。社交基金则通过社交媒体平台让投资者共同参与基金投资，分享投资经验，形成共同体，推动了基金行业的社交化发展。

社交媒体金融服务作为金融创新的一种形式，充分发挥了社交媒体的优势，为用户提供更加个性化、社交化的金融体验。在未来，社交媒体金融服务有望继续融合金融和社交领域，推动金融服务的社交化发展，满足用户多样化的金融需求。

第四节 金融市场对创新的影响

一、金融市场为创新提供资金的与配置

金融市场在推动创新方面扮演着至关重要的角色，其中最显著的影响之一是为创新提供资金并进行有效的配置。金融市场是一个复杂而动态的体系，其核心功能之一是为各类实体提供融资渠道。在这个过程中，创新项目作为其中的一个重要受益者，通过金融市场获得了资金支持，从而推动了科技创新、新产品研发以及企业的成长。股票市场、债券市场、银行贷款等形式的融资工具使得不同类型的创新者都能够找到适合自己需求的资金来源。股票市场提供了股权融资，使得创新型企业能够通过发售股票吸引投资者，获得更多的资金用于研发和扩大规模。债券市场则通过债务融资为企业提供了一种相对稳定的资金来源，使得企业能够更好地规划长期发展。此外，银行贷款作为一种传统但依然重要的融资手段，为初创企业提供了更为灵活的融资方式，帮助它们渡过初期的资金瓶颈。

创新项目往往伴随着较高的风险，但也可能带来巨大的回报。金融市场通过定价机制、投资组合等工具，使得投资者能够在不同风险水平中进行选择，从而更有针对性地支持高风险高回报的创新项目。这种资金的精准配置有助于降低创新项目的融资难度，吸引更多的投资者参与到创新活动中。投资者在决策过程中需要了解项目的商业模式、市场潜力、技术创新以及团队素质等方面的信息。这种尽职调查机制有助于提高投资者对创新项目的理解，从而提高了对创新的支持度，同时也对项目方起到了激励作用，推动他们提升项目的质量和可行性。值得注意的是，金融市场对创新的资金支持不仅仅局限于股票市场和债券市场。随

第六章 金融与创新经济学

着金融科技的发展，众多创新型金融工具和平台涌现，如众筹、天使投资、私募股权基金等，这些新型的融资方式进一步拓展了创新项目的资金来源。这种多元化的融资渠道为创新提供了更广泛的融资机会，促使更多有潜力的创新项目得以孵化和发展。金融市场通过为创新提供多元化的融资渠道，通过有效的资金配置机制以及深入的尽职调查，推动了创新项目的融资和发展。这种资金的流动不仅仅是为了企业自身的发展，更是为了社会经济的创新和进步作出了积极的贡献。金融市场的不断完善和创新将继续在推动创新领域发挥关键作用，助力更多具有前瞻性的项目得以实现。

（一）资金融通

资金融通是金融市场作为资金的融通平台，为创新活动提供必要资金支持的重要功能。创新是推动经济发展和社会进步的关键动力之一，然而，创新活动通常需要大量的投入，包括研发费用、技术设备采购、人才招聘等。在这种情况下，金融市场通过各种渠道为创新企业提供多样化的融资方式，满足其资金需求，从而推动创新活动的开展和发展。

创新型企业往往具有较高的成长性和潜力，这使得它们成为投资者关注的对象。通过在股票市场上发行股票，创新企业可以吸引大量资金，用于技术研发、市场拓展等方面。同时，股票市场还为创新企业提供了资本运作的平台，通过股权融资的方式，提高了企业的融资效率，促进了创新活动的持续进行。

与股票市场相比，债券市场更加稳定和可预测，具有固定的利息支付和到期回本的特点，因此受到投资者的青睐。创新企业可以通过发行债券筹集资金，用于技术研发、设备更新、市场扩张等方面。债券市场的融资方式不仅有利于企业降低融资成本，还可以提高企业的债务管理能力，为其未来的发展提供稳定的资金支持。

作为金融市场的主体之一,银行在提供融资服务方面发挥着关键作用。创新企业可以向银行申请贷款,用于短期运营资金周转、长期项目投资等方面。银行贷款的优势在于流程简便、利率相对较低,对于那些需要快速获得资金支持的创新企业来说尤为重要。

金融市场作为资金融通的平台,为创新活动提供了必要的资金支持。股票市场、债券市场和银行贷款等多种融资渠道为创新企业提供了多样化的选择,满足了其资金需求,促进了创新活动的开展和发展。在金融市场的支持下,创新企业得以获得充足的资金支持,推动技术研发、市场拓展等活动,为经济发展注入了新的动力。

(二)风险投资和风险分担

风险投资和风险分担是金融市场在创新领域中发挥的重要作用之一。随着技术的进步和市场的竞争,许多创新项目面临着高风险与高回报的特点。在这种情况下,传统的融资方式可能无法满足创新企业的资金需求,因此,风险投资成了创新企业获取资金的重要途径之一。

私募股权投资、风险投资基金等机构向创新企业提供了资金投入,帮助其实现技术研发、产品开发、市场推广等方面的需求。这些资金来源于愿意承担高风险的投资者,他们相信创新项目的潜力,并希望通过投资获得高额回报。

由于创新项目存在较高的不确定性和风险,单一投资者往往难以承担全部风险。而通过风险投资的方式,投资者将资金分散投向多个创新项目,实现了风险的分散和分担。即使其中一些项目失败,仍有其他项目可以带来回报,从而降低了整体的投资风险。

由于风险投资机构通常会对创新项目进行严格的评估和筛选,只选择具有潜力和可行性的项目进行投资,这样的投资选择

第六章　金融与创新经济学

机制有助于筛选出真正有价值的创新项目，并为其提供资金支持。这种激励机制促进了创新活动的开展，推动了科技进步和经济增长。风险投资机构往往会为投资的创新企业提供战略指导、管理经验和资源支持，帮助企业规划发展战略、提升管理水平，从而增加企业的竞争力和市场份额。这种合作关系不仅促进了创新企业的发展，也为投资者带来了丰厚的回报。

风险投资和风险分担作为金融市场的一种重要形式，在创新领域中发挥了至关重要的作用。它为创新企业提供了资金支持，实现了风险的分散和分担，激发了创新活动的开展，并促进了投资者与企业之间的合作与共赢。因此，风险投资在推动创新与经济发展方面发挥着不可替代的作用。

（三）创新型金融产品

创新型金融产品在金融市场中发挥着重要作用，为创新活动提供了更加灵活和多样化的融资选择，从而促进了创新活动的持续发展。这些产品的推出满足了创新活动中不同阶段的资金需求，为创新企业提供了更多的融资渠道和机会。

创业板、科创板等专门为创新型企业提供融资渠道的股票市场是创新型金融产品的典型代表。这些股票市场以创新企业为重点，为其提供了更加便利的融资途径。相比传统的主板市场，创业板和科创板对创新企业的上市条件和监管要求更加宽松，更加注重企业的成长性和潜力，为其提供了更大的发展空间和机会。这种针对性的股票市场有助于创新企业快速获取资金支持，推动其技术研发和市场拓展。

创新型债券是另一种重要的创新型金融产品。与传统的债券相比，创新型债券更加注重企业的创新能力和未来发展前景，为创新企业提供了低成本、长期的资金支持。创新型债券通常采用可转债、可交换债等形式，灵活的债券结构为创新企业提供了更多的融资选择，满足了其不同阶段的资金需求。

创新型金融产品还包括风险投资基金、创新型金融衍生品等。风险投资基金通过专业的投资团队对创新企业进行投资和管理，为其提供资金支持和管理经验，推动其技术创新和市场拓展。创新型金融衍生品如创新型期权、创新型衍生工具等，为投资者和创新企业提供了风险管理和资金运作的工具，促进了创新活动的开展和风险控制。创新型金融产品的推出丰富了金融市场的产品种类，满足了创新活动中不同阶段的资金需求，为创新企业提供了更加灵活和多样化的融资选择，促进了创新活动的持续发展。金融市场不断创新和完善创新型金融产品，将进一步推动创新活动的繁荣和经济的持续增长。

（四）信息对称和风险定价

信息对称和风险定价在金融市场中是至关重要的机制，特别是在创新领域中。金融市场的健康发展和有效运作依赖于信息的充分流通和市场参与者对信息的准确理解和评估。在创新项目融资过程中，信息对称和风险定价机制发挥着重要作用，对于提高金融资源的配置效率、促进创新活动的发展具有重要意义。

通过金融市场的信息披露制度和交易机制，创新企业的信息得以公开和透明化，投资者可以获取到与创新项目相关的各种信息，包括技术创新、市场前景、竞争格局等方面的信息。这种信息对称的提升有助于投资者更加全面地了解和评估创新项目的价值和风险，减少了信息不对称性对投资决策的影响。

在信息不对称的情况下，投资者往往难以准确评估创新项目的风险和预期回报，导致投资决策的不确定性增加。然而，通过信息对称的提升，市场参与者可以更加清晰地了解创新项目的技术特点、市场需求、竞争格局等，从而更加准确地评估项目的风险和价值，降低了投资决策的不确定性。

风险定价是金融市场中的重要机制，通过对资产风险进行量化和定价，帮助投资者合理衡量风险和回报之间的关系，从而指导投资决策。在创新项目的融资过程中，信息对称的提升使得投资者能够更准确地评估项目的风险水平，更精确地确定资产的定价水平，进而实现了更有效的风险定价。

金融市场通过信息对称和风险定价机制，提高了市场参与者对创新项目的了解和评估能力，降低了信息不对称性，有助于准确评价创新项目的风险和价值。这种信息透明度和风险定价机制有助于引导资金流向具有潜力和可持续发展的创新项目，提高了金融资源的配置效率，促进了创新活动的持续发展和经济的稳健增长。

(五) 创新型金融服务

创新型金融服务在金融市场中扮演着至关重要的角色，它们不仅提供资金支持，还为创新企业提供了全方位的支持和保障，帮助其更好地开展创新活动，降低了创新的风险，促进了创新成果的转化和应用。

在创新领域，企业常常需要进行并购或重组来获取技术、人才、市场等资源，加速技术创新和市场拓展。金融市场通过提供并购咨询、资产评估、融资支持等服务，促进了创新企业之间的合作与整合，实现了资源优化配置，推动了创新活动的开展。

在创新项目中，人才的激励和留用是至关重要的，而股权激励是一种常见的激励手段。金融市场提供了股权激励方案设计、股权激励股票发行等服务，帮助企业建立激励机制，吸引和留住关键人才，激发其创新活力，推动企业的发展和壮大。

在创新活动中，知识产权的保护对企业的长期竞争优势至关重要。金融市场提供了知识产权评估、专利申请、侵权维权等服务，帮助企业保护和管理知识产权，降低了知识产权风险，保障了创新成果的合法性和价值，促进了知识产权的创造和应用。

创新型金融服务还包括风险管理、技术咨询、市场营销等多个方面。金融市场通过提供多样化的金融服务，为创新企业提供了全方位的支持和保障，帮助其更好地开展创新活动，降低了创新的风险，促进了创新成果的转化和应用，推动了经济的持续增长和社会的进步。创新型金融服务的不断完善和提升将进一步激发创新活动的活力，为经济发展注入新的动力。

金融市场通过提供资金、风险投资、创新型金融产品、信息对称和创新型金融服务等多种方式，为创新活动提供了资金支持和配置，推动了创新活动的开展和实施，促进了经济的持续增长和发展。

二、金融市场对创新活动进行风险管理与分散

金融市场作为一个复杂的系统，其风险管理与分散机制对于创新活动的可持续发展起到了关键作用。创新本质上伴随着不确定性和高风险，而金融市场通过各种工具和机制，为创新者提供了有效的风险管理途径，降低了创新活动的整体风险水平。投资者可以通过购买不同类型的资产，如股票、债券、商品等，构建多元化的投资组合。这种分散投资的策略降低了单一资产或项目的风险对整体投资组合的影响，使得投资者能够更为稳妥地参与创新项目的融资。尤其对于高风险的创新项目而言，分散投资不仅保护了投资者的利益，也为更多的创新者提供了融资的机会。通过期权、期货等衍生品工具，创新者可以灵活地对冲市场波动、货币波动等不确定性因素带来的风险。这种对冲机制有助于降低创新项目的整体风险，吸引更多的投资者参与，从而推动创新活动的蓬勃发展。

企业可以购买商业保险来覆盖可能发生的风险事件，如自然灾害、财务损失等。这样的保险机制不仅保护了企业免受潜在风险的侵害，也为投资者提供了更加安全的投资环境，促进了更多的资金流入创新领域。金融市场中的风险投资者承担了创新项目的一部分风险，形成了一种共担风险的机制。风险投资者通常在

第六章 金融与创新经济学

创新项目的早期阶段参与,并通过投资获得项目成功的一部分回报。这种共担风险的机制鼓励创新者更加大胆地探索新领域,推动了更多的创新项目的涌现。评级机构通过对企业、项目的信用评级,为投资者提供了可靠的参考,帮助其更准确地评估投资项目的风险水平。信息中介则通过及时传递市场信息,降低了信息不对称,使得市场更加透明,有助于投资者更明智地进行风险管理决策。这一机制降低了创新活动的整体风险水平,吸引了更多的投资者参与创新项目的融资,为科技创新、产业升级提供了可持续的资金支持,推动了经济的不断创新与发展。

(一) 金融工具的多样化与风险管理

金融工具的多样化与风险管理在金融市场中扮演着至关重要的角色,特别是在支持创新活动的过程中。创新活动往往伴随着高风险,其中包括技术不确定性、市场竞争风险等。金融市场提供了多样化的金融工具,如期货、期权、衍生品等,使得创新企业可以根据自身的风险偏好和需求选择合适的风险管理工具,以降低创新活动带来的风险。

期货合约允许企业以约定价格在未来某一时间点买入或卖出特定标的物,从而锁定未来的价格,规避市场价格波动带来的风险。对于创新企业来说,期货合约可以帮助其规避原材料价格上涨、汇率波动等风险,保障生产成本的稳定性,提高企业经营的稳健性和可持续性。期权合约给予买方在未来某一时间点以约定价格买入或卖出特定标的物的权利,但不是义务。通过购买期权合约,企业可以在未来的某个时间点以事先约定的价格买入或卖出某项资产,从而规避市场价格波动带来的风险。这种灵活的风险管理工具使得创新企业可以根据市场情况和自身需求,灵活地制定风险管理策略,降低市场波动对企业经营的不利影响。

金融市场提供的衍生品交易也为创新企业提供了重要的风险管理工具。衍生品包括期权、期货、互换等,可以根据不同的风险管理需求进行定制化设计。创新企业可以利用衍生品交易对冲汇率风险、利率风险等，保护自身的财务稳定性。通过多样化的衍生品交易，创新企业可以灵活地应对市场风险，降低创新活动的风险水平。金融市场提供的多样化金融工具，如期货、期权、衍生品等，为创新企业提供了丰富的风险管理工具，帮助其降低创新活动带来的风险。企业可以根据自身的风险偏好和需求，选择合适的风险管理工具，规避市场风险，提高经营的稳健性和可持续性。因此，金融工具的多样化与风险管理在支持创新活动和促进经济发展方面具有重要意义。

（二）投资组合与风险分散

投资组合与风险分散是金融市场中的重要理念和实践，对于降低创新活动的整体风险水平发挥着关键作用。通过构建多元化的投资组合，投资者可以有效地分散风险，从而提高整体投资组合的稳健性和回报率。

创新活动本身具有较高的不确定性和风险，一旦某个创新项目失败，可能会带来巨大的损失。通过将资金投资于多个不同类型、不同行业、不同地区的资产，投资者可以将特定风险分散到整个投资组合中，从而降低了单个项目失败对整体投资组合的影响。这种风险分散的策略有助于提高投资组合的稳健性和抗风险能力，为投资者提供了更加安全和可靠的投资选择。

对于创新企业而言，投资组合的多样化也可以降低其经营活动的整体风险水平。创新企业的经营活动本身就具有较高的不确定性和风险，单一投资可能会使企业的生存受到威胁。通过将资金投资于多个创新企业或不同行业的创新项目，企业可以有效地分散经营风险，降低单个项目失败对整个企业的影响。这种风险分散的策略有助于提高企业的稳健性和可持续性，为企业的长期发展提供了更加稳健的基础。

金融市场提供的基金、指数等投资工具为投资者提供了便利的投资组合选择，进一步促进了风险的分散。投资者可以通过投资基金或指数基金来获取一揽子投资组合，从而实现对多个资产的分散投资，降低整体投资组合的风险水平。这种基金投资的方式不仅简便快捷，而且具有较低的交易成本，适合广大投资者进行长期的资产配置和风险管理。投资组合与风险分散是金融市场中的重要策略，对于降低创新活动的整体风险水平发挥着重要作用。通过构建多元化的投资组合，投资者可以有效地分散风险，提高整体投资组合的稳健性和回报率，为创新活动和经济发展提供了更加稳健的基础。因此，投资组合与风险分散是金融市场中不可或缺的重要组成部分。

综上所述，金融市场通过提供多样化的金融工具和投资组合选择，帮助创新企业和投资者进行风险管理与分散。这不仅有助于降低创新活动的整体风险水平，也为投资者提供了更广泛的投资机会，促进了创新活动的持续发展和金融市场的稳健运行。

三、金融市场推动科技创新

金融市场作为经济体系的重要组成部分，对科技创新的推动起到了至关重要的作用。在金融市场的框架下，创新者可以通过多元化的融资工具获取资金支持，投资者则能够参与到科技创新的过程中，共享创新带来的收益。

科技创新常常需要大量的资金用于研发、实验室设备、人才引进等方面的支出。股票市场、债券市场、风险投资等融资工具为创新者提供了灵活的融资途径，使得创新项目能够得到充分的资金支持。特别是风险投资，其对高风险高回报的特性更是为科技创新提供了独特的资金来源，推动了许多初创科技企业的发展。

上市不仅意味着公司能够募集更多的资金，还使得公司的股票成为公开交易的对象，吸引更多投资者的关注。科技公司通过上市，可以获得更广泛的曝光度，增加市值，进而获得更大的融资规模，推动公司更进一步的研发和创新活动。

通过发行股票，创新公司将一部分股权分享给投资者，使得公司管理层与投资者的利益紧密相连。科技公司的成功创新将直接影响公司股价，为投资者带来回报。这种激励机制推动了公司管理层更加努力地追求创新，以保持公司竞争力和吸引更多的投资。

金融市场的创新金融工具，如金融衍生品、金融科技，为科技创新提供了更灵活的金融服务。金融衍生品的使用可以帮助科技公司对抗市场波动和外汇风险，降低创新项目的财务风险。金融科技则通过数字化、智能化的手段提高了金融服务的效率，使得融资、支付等金融活动更加便捷，为科技创新提供了更好的金融基础设施。

投资者通过购买科技公司的股票，成为公司的股东，从而参与到公司的决策过程中。这种参与不仅使得投资者对公司更加关注，也使得科技公司更加注重公共关系，提高了公司的社会责任感。这种社会化的创新活动推动了更多关注社会问题的科技创新，推动了科技与社会的互动与共赢。

上市公司需要定期披露财务状况、业务发展等信息，这使得投资者和公众能够更全面地了解公司的状况。透明的信息流通有助于降低信息不对称，提高投资者对科技创新项目的信心，从而促进更多的资金流入科技创新领域。

通过提供多元化的融资渠道、资本市场机制、激励机制、创新金融工具以及促进社会化参与，金融市场为科技创新提供了全面的支持，推动了科技创新的不断繁荣。金融市场与科技创新的良性互动使得经济体系更具活力，为社会的可持续发展注入了新的动力。

四、金融市场的发展促成了创新生态系统的形成

金融市场的发展不仅仅是为创新提供资金和风险管理工具，更重要的是促成了一个全方位的创新生态系统的形成。这个生态系统包括了风险投资、创业孵化器、创新企业、政府支持等多个参与方，共同推动着创新的发展。

风险投资者在金融市场中扮演了关键角色，他们愿意投资于高风险、高回报的创新项目。这种投资方式激励了更多的初创企业和创新者涌入市场，形成了一个创新的种子阶段。风险投资的涌现为创新生态系统提供了初期的资金支持，为创新项目的萌芽和发展奠定了基础。这些机构在创新生态系统中充当了孕育和培育创新项目的角色。通过提供办公空间、导师辅导、资金支持等多方面的支持，创业孵化器和创业加速器帮助初创企业更好地走向市场。而它们的运作离不开金融市场的资金支持和创投机构的关注，形成了一个良性循环的创新生态系统。

上市不仅是企业获得更大规模融资的途径，也是宣告企业成功发展的标志之一。创新企业通过上市可以获得更多的曝光度、更广泛的投资者关注，进而吸引更多的资金。这一过程使得企业能够更好地发挥创新成果，推动科技创新不断向前。金融市场中的创新金融工具也为创新生态系统的形成提供了有力支持。例如，初创企业融资平台、数字货币等创新金融工具拓展了融资渠道，为创新者提供了更为便捷的融资方式。这种多元化的融资工具使得创新者能够更灵活地选择适合自己发展阶段和需求的融资方式，促使创新生态系统更加丰富和多元。

政府在金融市场中扮演监管者、政策制定者的角色，通过制定支持创新的政策、提供税收优惠等方式，积极推动创新生态系统的发展。政府的参与不仅为创新者提供了更多的支持，也为整个生态系统的健康发展提供了制度保障。

创新者可以更容易地获得来自不同国家和地区的投资和支持，加速了创新成果的全球传播与应用。这种国际合作不仅促进了科技创新的全球领先地位，也推动了不同国家和地区的共同繁荣。金融市场的发展促成了一个庞大而复杂的创新生态系统。这个系统包括了风险投资、创业孵化器、创新企业、政府等多个参与方，形成了一个互相支持、共同推动创新发展的良性循环。金融市场不仅为创新提供了资金支持，更在形成创新生态系统的过程中发挥了关键作用，成为推动科技创新的重要引擎。

第七章 国际经济贸易与创新经济学

第一节 跨国公司与技术转让

一、跨国公司

(一) 跨国公司的定义

跨国公司（Multinational Corporation，简称 MNC）是一种在全球范围内开展商业活动的企业实体，其特点在于在多个国家设有子公司、分支机构或关联企业，从而形成一个跨越国界的经济实体。跨国公司不仅在其总部所在国开展业务，还在其他国家开设分支机构、生产基地或办事处，以实现全球范围内的生产、销售、研发等经济活动。这种国际化的商业模式使得跨国公司能够充分利用各国的资源、市场和劳动力，实现全球化的经济运作。跨国公司的经营范围通常跨足多个国家，其全球化战略不仅包括在不同国家市场上销售产品和提供服务，还涉及在全球范围内进行生产、研发、采购等活动，形成了一个复杂而高度联动的全球业务网络。跨国公司的存在对全球经济产生了深远的影响。它们通过促进国际贸易、技术创新、资本流动等方式，推动了全球产业分工和资源配置的优化。同时，跨国公司也面临着国际市场的竞争、不同国家法规的遵从等挑战，需要灵活应对各种复杂的国际商业环境。跨国公司的定义体现了其跨足多国市场、在全球范围内开展业务的特性，这种商业模式已成为当今全球化经济中不可忽视的重要力量。

（二）跨国公司的作用

跨国公司（MNC）作为全球经济中的主要参与者，发挥着多方面而深远的作用，涵盖了经济、社会、文化等多个领域。

通过在不同国家设立子公司、分支机构，跨国公司实现了全球范围内的生产、销售和服务网络，促进了国际贸易的增长。它们通过跨国生产和供应链的构建，实现了全球资源的高效配置，提高了生产效率，降低了成本。这种全球化的经济活动为各国提供了更多的就业机会，促进了经济的繁荣。

为了适应不同国家市场的需求，跨国公司通常在全球范围内进行研发和创新活动。它们在技术、管理、营销等方面的创新经验可以跨足多个国家，为全球产业链的提升提供了新的动力。同时，跨国公司也在不同国家之间传递先进的技术和管理经验，促进了全球技术水平的整体提升。

通过全球范围内的资源配置，跨国公司能够充分利用各个国家的优势资源，实现了资源的互补性。例如，一些国家拥有丰富的自然资源，而另一些国家拥有便宜的劳动力，跨国公司可以通过全球化的生产和供应链，将这些资源进行优化配置，提高资源利用效率。

跨国公司在全球范围内的投资和业务开展也为各国提供了大量的资本流动。这种资本流动促进了各国金融市场的发展，提高了全球资本市场的流动性和效率。同时，跨国公司的投资也为一些发展中国家提供了急需的外部资金，促进了这些国家的经济发展。

在社会层面，跨国公司的活动带来了就业机会和职业培训，提升了员工的技能水平。此外，跨国公司通常会遵循一定的社会责任，参与社会公益事业，为当地社区带来一定的福祉。然而，也应当注意到，有时候跨国公司的运营也可能引发一些社会问题，如劳工权益、环境污染等，因此需要进行合理的监管和管理。

在文化方面，跨国公司在全球范围内的业务活动促进了文化的交流和融合。跨国公司通常会面临不同文化、语言、风俗习惯等多元化的挑战，因此他们需要适应和尊重不同文化背景的员工和市场。这种跨文化的互动促进了全球文化的多元发展，为人们更好地理解和包容不同文化提供了机会。

虽然跨国公司带来了众多积极的影响，但也需要注意应对可能出现的负面效应。例如，全球化的经济活动可能导致一些国家面临贸易不平衡，或者引发一些环境、社会问题。因此，对于跨国公司的管理和监管需要不断完善，以确保其活动对各方面产生的影响是正面而可持续的。

跨国公司在全球经济中扮演着重要的角色，其作用涉及经济、社会、文化等多个方面。通过全球化的经济活动，它们促进了全球资源的优化配置、技术创新和知识传播，为各国的发展带来了机遇和挑战。在全球化的背景下，跨国公司的作用将继续发挥并对全球产业格局、经济发展和文化多样性产生深远影响。

二、技术转让

（一）技术转让的定义

技术转让是指将已经研发或拥有的技术、知识、专利、技术设备等在一个组织或个人的授权下，通过各种方式转移到另一个组织或个人，以实现技术的传播和应用。这过程中，技术提供方将其技术资源分享给技术接受方，使得接受方能够获得并应用这些技术，从而提升其生产力、竞争力以及创新能力。

技术转让涉及多个层面，包括技术的理论知识、实验方法、生产工艺、专利权等方面的转移。这一过程可以通过合同、许可协议、股权投资等方式进行，旨在实现技术的最大利用和广泛普及。技术转让的定义包含了多方面的内容，其中关键要素如下：技术转让是基于已有技术的共享和传播。这可能涵盖科学研究、工程开发、制造流程等方面的技术内容。技术转让的对象可以是任何需要这些技术的组织或个人，包括企业、政府机构、研究机构等。技术转让涉及技术提供方和技术接受方之间的合作和交流。这种合作可以通过双方签署的正式文件，如技术许可协议或技术转让合同，进行明确的规范和约束，确保双方在技术转让过程中的权益和责任。技术转让的目的在于促进技术的推广和应用。通过技术转让，技术提供方可以扩大其技术影响力，技术接受方则能够在短时间内获取并应用先进的技术，从而提高其生产效率和竞争实力。技术转让的方式多种多样，可以通过授权、购买、合资等多种方式进行。这种多样性有助于满足不同组织和个人的需求，促使技术转让在全球范围内更为广泛和深入地进行。技术转让是一种通过分享和传播技术知识、专利和设备等资源，促进技术的推广和应用的过程。这种过程在推动科技进步、促进产业发展、增强国际合作等方面发挥着重要作用。

（二）技术转让的表现

技术转让是指将一种技术或知识从一个实体（通常是技术供应方或拥有技术的组织）转移到另一个实体（通常是技术接收方或需要该技术的组织）的过程。技术转让可以通过多种方式实现，包括合同、许可、合资企业、并购等形式。技术转让的表现具有多方面的特征，涵盖了技术本身、组织层面以及市场层面等多个方面。技术转让的表现在于技术的传递和应用。这包括技术供应方向技术接收方提供详细的技术资料、专利、软件代码等，并确保接收方能够理解和应用这些技术。技术传递的成功与否直接关系到技术转让的实际效果。此外，技术转让还可能伴随着培训和技术支持，以确保技术能够在接收方组织中得以有效应用。

技术转让在组织层面的表现主要体现在组织结构、人员和管理体系的调整。技术接收方可能需要进行内部的组织结构调整，以适应新引入的技术。这可能包括设立专门的技术团队、调整岗位设置、培养相关人员的技能和能力等。技术转让还可能带来管理模式和流程的变化，以更好地适应新的技术体系。

通过技术转让，技术接收方有可能引入新的产品或服务，拓展其市场份额。这可能涉及新产品的研发、生产、销售等方面。技术转让也可能通过提高生产效率、降低成本，从而在市场竞争中获得优势地位。技术转让还表现在知识产权的变动。技术供应方通常会以某种方式保护其技术的知识产权，而技术接收方在技术转让过程中可能会获得一定的使用权或所有权。这可能通过许可协议、专利转让、技术共享等方式实现。知识产权的变动直接关系到技术接收方在市场上的竞争地位和创新能力。

随着全球化的发展，技术转让已经成为国际合作和竞争的重要手段。跨国公司通过技术转让在不同国家和地区之间分享先进的技术，促进全球经济的发展。同时，不同国家之间也可能通过技术转让合作解决共同面临的挑战，如环境保护、医疗卫生等领域。从技术本身的传递和应用，到组织层面的结构和管理的调整，再到市场层面的产品推出和知识产权的变动，技术转让在推动创新、促进经济发展以及推动国际合作中发挥着重要作用。成功的技术转让不仅需要技术的准确传递，还需要接收方在组织和市场层面的有效应用，以实现双方的共同利益。

三、跨国公司与技术转让的关系

（一）跨国公司促进技术传播和本地创新

跨国公司在全球范围内的存在不仅仅是为了市场扩张和资本运作，更重要的是它们作为技术传播的关键推动者。通过技术转让，跨国公司将其先进的科技知识、管理经验以及创新能力引入到不同国家和地区，促进了技术的传播和本地创新。这些公司通常在发达国家拥有先进的研发和生产基地，积累了大量的技术知识和专利。

通过跨国公司的全球布局，它们能够将这些技术资源引入到新兴市场和发展中国家，为这些地区的产业升级和创新注入新的动力。跨国公司通过建立研发中心、合作研究项目以及技术培训等方式，将先进的技术知识传授给本地团队。这不仅有助于提高本地团队的技术水平，还能够激发其创新潜力。通过与本地企业、研究机构的合作，跨国公司实现了技术的共享和传播，为全球科技进步贡献力量。它们通过直接投资、并购以及与本地企业的战略合作，将先进的技术和管理经验注入本地市场。这种资本的引入不仅有助于提高本地企业的生产力和竞争力，还为本地创新提供了更多的资源支持。这些公司通过建立全球性的供应链和生产网络，将不同地区的专业化产业环节有机结合，实现了全球范围内的资源配置和优势互补。这种跨国公司的全球化运作不仅促进了技术的跨国传播，也推动了本地产业的升级和创新。

通过引入新产品、新技术，它们创造了市场对先进技术的需求，激发了本地企业加强技术创新的动力。这种技术需求的创造有助于形成创新驱动的市场环境，促进本地企业更好地融入全球科技体系。它们通过技术的引入、共享和合作，促进了全球范围内的技术传播和本地创新。这种跨国技术转让不仅有利于推动全球科技进步，也为各国的经济发展提供了新的机遇和挑战。在全球化的背景下，跨国公司将继续在技术领域发挥重要的引领和促进作用。

（二）跨国公司通过技术转让可以降低研发成本和风险

技术转让作为一种跨境知识流动的方式，为跨国公司提供了机会将先进的技术从一个市场或部门引入到另一个市场或部门，从而在全球范围内提高生产力、创新能力，并降低整体研发成本和风险。

第七章　国际经济贸易与创新经济学

跨国公司通过技术转让可以快速获取并应用先进技术，从而避免了自主研发的时间和资源投入。研发一项新技术通常需要大量的时间和金钱，而通过技术转让，跨国公司能够直接获得已经成熟的技术，节省了研发周期，迅速响应市场需求。这对于那些希望迅速进入新兴市场或紧跟技术潮流的企业来说尤为重要。技术转让帮助跨国公司分担了研发风险。研发过程中存在着技术验证、市场风险等不确定性因素，而通过技术转让，跨国公司能够共享这些风险。技术供应方通常已经经历了技术的验证和市场适应性测试，转让方在引入这些技术时能够减少不确定性，提高项目成功的概率。

在不同国家和地区，由于文化、法规等差异，同一领域的技术标准可能存在差异。通过技术转让，跨国公司能够在全球范围内推动技术的标准化，提高生产效率，降低运营成本。同时，在不同地区的团队之间进行协同创新，充分发挥各个市场的优势，推动全球创新网络的形成。跨国公司通过技术转让还能够在全球范围内建立技术合作关系，加强产业链的整合。技术转让往往涉及双向的知识交流，技术供应方和接收方之间形成了长期的合作关系。这种合作不仅有助于技术的共享，还促使双方在其他方面进行深入的合作，推动产业链的协同发展，提升整个价值链的竞争力。

通过技术转让，跨国公司能够更好地适应不同国家和地区的市场需求，提高产品和服务的本地化水平。技术转让使得跨国公司能够在本地市场灵活调整产品和服务，更好地满足当地消费者的需求。这有助于提高产品在各地市场的竞争力，增强企业在全球范围内的市场份额。

跨国公司通过技术转让实现了降低研发成本和风险的战略目标。这种全球范围内的知识流动促进了技术的快速传播和全球创新网络的形成，为企业在不同市场间取得平衡和协同提供了有力支持。然而，在技术转让过程中，企业也需要注意管理知识产权、保护核心技术，以及适应不同文化和法规环境等挑战。

（三）跨国公司通过技术转让可以更好地适应当地法规和文化

跨国公司通过技术转让展现了其在适应当地法规和文化方面的灵活性和战略智慧。技术转让作为一种知识传递的方式，使得跨国公司能够更加有效地融入不同国家和地区的经济环境，更好地遵守当地法规和尊重文化习惯，从而实现在全球范围内的可持续发展。

各国的法规体系存在差异，而通过技术转让，跨国公司能够获取当地合作伙伴对本地法规的深刻理解。这有助于公司制定符合当地法规的业务策略，规避潜在的法律风险，并在法规要求的范围内进行技术应用。通过与本地合作伙伴合作，跨国公司还能够更容易地获取对当地法规变化的敏感性和适应性，及时作出调整，确保业务的合规性。

文化差异往往是企业在国际市场遇到的一项重要挑战，而通过技术转让，跨国公司能够与本地合作伙伴建立深入的合作关系，更好地融入当地文化。这种合作往往伴随着知识的交流和共享，使得企业能够更好地理解当地市场需求、消费者习惯以及商业文化，从而调整产品、服务和营销策略，更好地迎合当地市场。

通过技术转让，跨国公司能够在本地市场建立更为深入的关系，提高企业的社会责任感。在技术转让的过程中，企业与本地伙伴展开深度合作，共同推动技术的应用和创新，为当地社区创造就业机会，促进经济发展。这种深度合作有助于建立企业在当地的良好声誉，提升企业在社会层面的可持续性，符合本地社会的期望，实现企业和当地社区的双赢。

当技术转移到本地时，企业可以更加灵活地根据市场需求进行调整。本地合作伙伴通常对当地市场有深刻的了解，可以为企业提供关键的市场信息，帮助企业更好地适应市场的变化，灵活调整产品和服务，提升市场竞争力。跨国公司通过技术转让展现了更好地适应当地法规和文化的能力。这种灵活性使得企业能够更好地遵守当地法规，尊重本地文化，更深入地融入当地市场，建立深厚的社会关系，实现可持续的发展。然而，在技术转让的过程中，企业仍需谨慎处理文化差异，平衡本地需求和全球标准，以确保技术转让的成功和可持续发展。

第二节 国际知识流动与全球创新

一、国际知识流动

（一）科技人才的国际流动

科技人才的国际流动在全球化时代愈发成为引人注目的现象，表现为跨国界的知识交流和专业技能的跨境迁移。国际知识流动的显著特点之一是高度的专业化和技术含量。科技人才通常具备先进的专业知识和创新能力，他们的流动不仅推动了全球科技水平的提升，也为各国带来了先进的科研成果和技术应用。国际科技人才流动体现了全球人才市场的竞争和互动。优秀的科技人才往往能够在全球范围内选择最具挑战性和发展机会的岗位，而国家和企业也通过吸引国际科技人才来提升自身的创新实力。这种双向的选择和竞争推动了全球科技人才市场的活跃发展。科技人才的国际流动也表现为跨文化的交流与融合。在不同国家和地区工作的科技人才，通过互动与合作，将不同文化、经验和思维方式融入科研和创新中，推动了全球科技领域的多元化发展。国际科技人才流动也呈现出一定的不平衡性，即"人才输送"和"人才吸纳"之间的差异。一些发达国家吸引并保留了大量的优秀科技人才，而一些发展中国家则面临人才流失的问题。这种不平衡的流动格局既是全球科技合作的挑战，也是各国在人才培养和引进方面需要更加合理规划的问题。综合而言，科技人才的国际流动不仅是全球化时代科技领域的重要现象，也是国际合作与竞争的重要体现。这种流动推动了全球科技水平的均衡发展，促进了科技创新与文化交流的融合，但也需要各国在人才管理和政策制定方面进行更为深入的思考和合作。

（二）学术研究与学术论文的国际合作

学术研究与学术论文的国际合作是国际知识流动的重要表现之一，体现在跨国界的学术交流、合作研究项目和共同发表学术成果等方面。学术合作通过促进跨国界的学术研究，为全球科研提供了广阔的平台。各国的研究机构、大学和科研团队通过合作共享资源、设备和研究成果，加速了科研进程，提高了研究的水平和深度。国际学术论文的合作发表成为学术交流的有力表现。研究者通过与国际同行合作，能够在国际学术期刊上发表高水平的研究论文，扩大其学术影响力。这种国际化的发表不仅有助于推动科研领域的前沿，也为研究者提供了更广泛的学术认可和合作机会。学术合作还有助于促进不同文化、学术传统和研究方法的交流与融合。国际合作项目通常涉及多国研究者，通过共同合作解决全球性问题，各方汇聚的不同思维和经验为研究提供了更为全面和多元的视角。学术研究的国际合作也推动了人才培养和科研团队的国际化。通过参与国际合作项目，研究者能够接触到最新的研究方法和理念，培养国际化的研究团队，为本国的科研人才培养提供了更为广阔的发展空间。总体而言，学术研究与学术论文的国际合作是国际知识流动的重要体现，促进了全球范围内的学术交流、知识传播和科研创新。这种合作不仅推动了学术领域的发展，也为全球性问题的解决提供了更为有效的途径，构建了一个共享知识和合作共赢的国际学术共同体。

(三) 教育国际化

教育国际化是国际知识流动的重要表现，体现在学生、教育机构和教育资源的跨国界交流与合作。学生的跨国留学是教育国际化的重要体现之一。越来越多的学生选择到其他国家接受高等教育，通过国际学术交流、文化融合，培养全球视野和跨文化沟通能力。这种留学现象促使各国高等教育机构更加注重提供国际化课程和学术环境，促进了全球范围内的学术合作与知识传播。教育机构之间的国际合作推动了教育资源的共享。大学间的学术交流、合作研究项目以及师资互换等形式的合作，加强了各国教育机构之间的联系，使得先进的教学理念、课程设计和研究成果能够跨越国界传播，推动了全球教育领域的共同进步。教育国际化还体现在国际学术会议、研讨会以及教育交流项目的举办与参与。这些国际性的教育活动为学者和教育从业者提供了深化学术认知、拓宽研究领域的机会，促进了各国在教育理论和实践方面的共同成长。在线教育和远程学习的发展也为教育国际化提供了新的动力。通过互联网技术，学生可以轻松获得来自世界各地的优质教育资源，而教育机构也能够跨越地域限制，向全球范围内的学习者提供知识服务。这种在线学习的方式不仅促进了知识的国际传播，也为更多人提供了接受高质量教育的机会。综合而言，教育国际化是国际知识流动的重要表现，它通过学生的留学、教育机构的合作、国际教育活动以及在线学习等形式，推动了全球范围内的教育交流、知识传播和人才培养，构建了一个更为开放、多元的国际教育共同体。

二、全球创新

(一) 全球科技合作

全球科技合作在当今世界的创新生态系统中扮演着至关重要的角色。面对日益复杂和跨越国界的挑战，国际科技合作成为推

创新经济学研究

动创新、解决全球性问题的重要手段。全球科技合作不仅促进了知识的跨境流动，还加速了科学研究、技术发展和创新成果的共享。这种合作不仅涉及国家之间的合作关系，还包括企业、学术机构和国际组织等多方面的合作网络。

在全球范围内，科学家和研究机构通过联合研究项目、国际学术会议等方式进行交流合作，实现了科研成果的快速传播。这有助于打破国界，推动全球范围内的前沿科研领域取得重大突破，推动人类对自然界和社会问题的深入理解。

跨国公司、创新中心和初创企业通过国际合作，共同推动科技创新，加速新技术的研发和应用。合作伙伴的多元性使得不同国家和地区的创新能力相互叠加，形成了全球性的创新网络。这有助于应对全球性挑战，如气候变化、疾病防控等，提供跨越国界的解决方案。

科研人员、工程师和创业者通过国际间的科技合作项目，有机会在不同国家的科研机构和企业中工作，分享各地的经验和专业知识。这种人才流动有助于打破地域限制，培养全球化的创新人才，促进人才的全球合作与交流。

不同国家和地区拥有不同的科技资源和优势，通过合作，可以更好地利用各方的专业特长。一些发达国家在基础研究和高端技术上具有强大的实力，而一些发展中国家则可能在特定领域有独特的经验和资源。通过合作，能够实现资源的优势互补，推动全球科技水平整体提升。

在这个高度互联的时代，科技合作的网络不断扩大，构建了一个全球化的创新生态系统。这种合作不仅有助于解决全球性问题，也促进了科技成果的共享，为全球创新提供了更加开放、包容和协同的环境。

（二）创新生态系统的全球化

创新生态系统的全球化是当今科技发展的显著特征，标志着

第七章　国际经济贸易与创新经济学

科技创新已经超越了国界，形成了一个高度互联的全球性网络。这一生态系统包括了创新的各个要素，如科研机构、企业、初创公司、投资者、政府等，它们在全球范围内紧密合作，共同推动科技的发展和创新成果的应用。全球创新生态系统的全球化具有几个显著的特点。

不同国家和地区的创新主体在全球范围内形成了紧密的连接，科研机构与企业、初创公司与投资者之间的合作日益频繁。跨界融合促进了不同领域和行业之间的知识交流，激发了创新的火花，加速了新技术、新产业的涌现。

创新不再局限于某一地区或特定机构，而是通过全球范围内的开放合作，实现资源的广泛共享。开源软件、开放式创新平台等成为推动全球创新的助力，促进了全球范围内的合作和共同创造。

通过全球化的创新网络，新技术和新理念得以快速传播，促进了科技成果在全球范围内的广泛应用。全球创新的成果不仅仅受益于发达国家，也能够更迅速地传递给发展中国家，推动全球科技水平整体提升。

全球范围内的投资者愈发关注全球创新的热点领域，跨国企业和初创公司之间形成更为紧密的合作关系。这有助于推动创新项目的落地和商业化，促使创新成果更好地服务于全球市场。

全球创新生态系统的全球化推动了科技创新的前进步伐，使创新不再受限于地理位置和国界。这种全球化的创新生态系统为全球社会带来了更多的机遇和挑战，要求各国、各机构更加积极地参与全球创新合作，共同应对全球性问题，实现科技创新的共赢发展。

三、国际知识流动与全球创新的关系

（一）知识跨国传播促进全球创新

国际知识流动是全球创新生态系统中的关键因素，它为各国、企业和研究机构提供了跨越地域的机会，促使创新成果在全球范围内快速传播和共享。这种知识的跨国传播不仅加速了科技发展的步伐，也推动了全球创新的不断繁荣。

各国拥有不同的科研实力和专业领域的优势，通过知识的跨国传播，这些优势得以在全球范围内合理整合和利用。科研人员、学术机构、企业等在全球间进行的研究合作和知识交流，使得创新的资源得以广泛涌流，激发了更多可能性。

科学家和研究者通过国际合作项目、学术会议等形式积极参与知识的跨国传播，共同攻克科学难题，推动前沿科研领域的突破。这种合作不仅加速了科研成果的产出，也培养了全球化的创新团队，提升了创新的质量和深度。

面对全球性问题，如气候变化、公共卫生、可持续发展等，国际知识流动成为解决方案的关键。全球各地的专业知识在这些领域得以共享，有助于形成全球性的解决方案，推动科技创新为全球社会带来实质性的变革。

通过积极参与国际科研合作和知识传播，发展中国家能够迅速获取发达国家的科研成果和经验，跳过一些发展阶段，更快地实现科技水平的提升。这有助于实现全球科技创新的均衡发展，促进全球科技合作的公平与包容。通过知识的跨国传播，全球创新生态系统变得更加丰富和多样化，各国在创新中能够互相借鉴、共同进步。在全球化的时代，促进国际知识流动是推动全球科技创新、解决全球性问题的必由之路，也是实现共同繁荣和可持续发展的关键环节。

（二）国际企业的全球化研发推动创新

国际企业的全球化研发是国际知识流动与全球创新密切关联的重要方面。随着全球化进程的加速，国际企业不仅在全球范围内开展生产和销售，更在全球范围内展开研发活动，这推动了知识的跨国传播，促进了全球创新的繁荣。这些企业在不同国家和地区设立研发中心，吸纳当地的科研人才，形成了跨国的创新团队。在全球范围内，这些团队通过协同工作、项目合作等方式，加速了前沿科技知识的传播和交流。全球研发网络的建立使得创新成果更容易在全球范围内流动和应用。国际企业不仅仅是在某个国家进行研发，更是在全球范围内建立起研发中心、创新实验室等创新基地。这些基地在全球范围内共同构建了一个互通有无的创新网络，为不同地区的创新提供了支持和平台。这有助于形成全球性的创新生态系统，促使各地共同参与到全球创新的浪潮之中。

这些企业通过全球范围内的研发活动，能够更好地应对不同地区的市场需求和挑战，推动全球性解决方案的产生。在新技术、新产品的研发中，国际企业的全球化研发使得创新更贴近全球市场，更有可能满足多元化的需求。通过在这些国家设立研发中心，国际企业将先进的技术和管理经验引入发展中国家，促使这些国家在全球科技创新中找到更具竞争力的位置。这种技术转移有助于缩小发展差距，促进全球科技创新的共同繁荣。国际企业的全球化研发与国际知识流动密不可分，共同推动了全球创新的蓬勃发展。在这一过程中，企业不仅仅是推动着技术的传播和应用，更是促使了全球范围内的科技创新合作与协同。这种全球化的研发模式为企业自身的创新提供了更广阔的空间，同时也为全球社会的可持续发展和解决全球性问题提供了更多的机遇。

第三节　贸易政策与国际创新竞争

一、贸易政策

贸易政策是国家制定的关于对外贸易的一系列政策措施的总称，是国际经济合作与竞争的重要组成部分。其主要目标是促进经济增长、提高国家的国际竞争力，并维护国家的宏观经济稳定。贸易政策涉及关税、进出口配额、汇率等多个方面，其制定和调整直接影响着国家的对外经济关系和国内产业结构。

通过降低关税、取消贸易壁垒，国家可以吸引更多外国商品和投资，推动本国市场的繁荣。开放的贸易政策有助于扩大市场规模，促使企业更好地利用国际市场资源，提高生产效率。同时，进口的廉价商品也使得居民的生活成本得到一定程度的降低，增加了居民的购买力，促进了国内需求的扩大。

通过贸易政策的调整，国家可以更灵活地应对国际市场的变化，提高国内产业的竞争力。保护性贸易政策可能有助于本国产业的发展，但也容易导致效率低下和资源浪费。相反，开放型贸易政策有助于引入国际先进技术和管理经验，提高产业水平，增强国家的创新能力，从而更好地适应国际竞争环境。

通过调整关税和进出口政策，国家可以在一定程度上控制货币供应和国际收支状况，维护国内通货膨胀率和汇率的稳定。合理的贸易政策有助于防范和化解国际金融风险，保持国家经济的整体平衡。

通过与其他国家进行贸易协定和谈判，国家可以促进与其他国家的友好关系，形成互利共赢的贸易伙伴关系。同时，贸易政策的协调也有助于应对全球性挑战，如气候变化、公共卫生等，形成国际社会的共同合作机制[①]。

贸易政策是国家宏观经济政策的重要组成部分,直接关系到国家的经济增长、产业结构调整和国际竞争力。在制定贸易政策时,国家需要平衡自身利益与国际合作,科学合理地应对国际市场的变化,以实现经济的可持续增长和国家的长远发展目标。

二、国际创新竞争

(一) 科技创新体系的构建

国际创新竞争的核心在于构建科技创新体系,这是推动国家长期繁荣和可持续发展的基础。科技创新体系的构建涉及科研机构、企业、政府等多个方面的合作,其目标是搭建一个有机的创新生态系统,促进科技成果的不断涌现和推广应用。

基础研究是科技创新的源泉,是各种应用性研究和技术开发的基础。国家需要加大对基础研究的支持力度,鼓励科研机构和高校深入探索前沿科学领域,培养高水平的研究团队,为创新提供充分的智力支持。

构建科技创新体系需要加强产学研合作。科研机构与企业之间的紧密合作是推动科技成果向市场转化的关键。政府可以通过制定政策,提供资金支持,鼓励科研机构与企业建立战略合作伙伴关系,共同开展科技创新项目,实现科技成果的产业化和商业化。

优秀的科研人才是科技创新的核心驱动力。国家应当加强对人才的培养和引进政策,鼓励年轻科研人员的创新活动,提高高层次人才的待遇和吸引力,同时开展国际性的人才交流与合作,引进国际一流的科研团队。

[①] 刘培森. 金融发展、创新驱动与长期经济增长 [J]. 金融评论, 2018, 10 (04): 41-59+119-120.

政府在科技创新体系的构建中扮演着重要角色。政府应当通过制定科技政策、提供研发资金、优化创新环境等手段，引导和推动科技创新。政府还可以通过设立科技创新基金、加大对创新型企业的支持等方式，促进科技成果的转化和推广。

在国际创新竞争中，构建科技创新体系不仅仅是单个国家的事务，更需要通过国际合作实现跨国的创新共享。国际创新体系的构建可以通过加强科技交流、推动国际科研合作项目、共享研发成果等方式来实现。在全球化的时代，国际创新体系的互联互通将为各国带来更多的创新机会和合作空间，共同应对全球性挑战。

科技创新体系的构建是国际创新竞争的关键。通过加强基础研究、促进产学研合作、注重人才培养与引进以及政府的引导与支持，国家可以建设一个有机、协同的科技创新体系，提升国家的创新能力，推动科技成果不断涌现，为国家长期繁荣和可持续发展奠定坚实基础。

（二）知识产权的争夺与保护

在国际创新竞争中，知识产权的争夺与保护至关重要，成为国家和企业在全球创新舞台上博弈的关键因素。知识产权包括专利、商标、著作权等，它不仅是科技创新的产物，更是创新者合法权益的体现。在知识经济时代，国家和企业需要在争夺知识产权的过程中保护创新成果，同时也要在全球范围内建立合理的知识产权体系，促进创新成果的共享和交流。

在全球化的背景下，企业和国家都追求在关键领域拥有技术优势，通过获得专利、商标等知识产权来确保在市场上的竞争地位。这种争夺不仅仅发生在企业之间，也涉及国家层面的竞争。通过创新和获得知识产权，国家可以在国际舞台上提高自身的技术水平和竞争实力。

创新者只有在知识产权受到充分的法律保护时，才能更加积极地投入到创新活动中。知识产权的保护不仅鼓励企业和个人进行创新，也有助于形成创新生态系统，推动科技进步。因此，国家需要建立健全的法律框架和执法机制，确保知识产权的有效保护，促进创新氛围的形成。

国际创新竞争要求各国在知识产权领域形成合理的规则和标准，以促进知识产权的国际化和全球交流。国际组织和多边协定的制定对于跨国公司和国家之间的知识产权保护具有重要意义，有助于构建公平、透明的国际知识产权体系。

在保护创新者权益的同时，国家和国际组织应该平衡知识产权的合理使用和知识的共享。例如，制定合理的专利期限、鼓励技术许可等方式可以促使创新成果更好地造福全人类，避免知识产权的滥用对社会和经济造成不利影响。

国家和企业需要在保护创新者权益的同时，促进知识的共享和交流，构建一个既有利于创新推动经济发展，又能平衡公共利益的国际知识产权体系。只有在全球范围内形成合作共赢的局面，才能更好地应对知识经济时代的挑战，推动全球创新不断向前发展。

三、贸易政策与国际创新竞争的关系

（一）贸易政策为国际创新竞争提供开放环境

贸易政策在国际创新竞争中发挥着至关重要的作用，特别是通过为国际创新竞争提供开放的环境，促进跨国交流与合作，加速科技成果的传播和共享。开放的贸易政策不仅推动了全球经济的发展，也为创新者提供了更广阔的平台，激发了全球范围内的创新活力。

通过降低关税、取消贸易壁垒，各国可以更自由地进行技术和人才的国际交流。跨国公司可以更容易地在全球范围内建立研发中心，吸引来自不同国家的专业人才，共同参与创新项目。这种资源的流动有助于优势互补，促进了全球创新生态系统的形成。

跨国公司和国际科研机构通过开展合作项目、共同投资等方式，实现了跨国界的创新合作。这种合作不仅有助于解决全球性问题，也促进了前沿科技领域的共同探索。开放的贸易政策为各方创新者提供了更多的机会，共同推动科技的前进步伐。

在全球化的背景下，产品和服务的生产往往涉及多个国家和地区，形成了复杂的全球价值链。这种价值链的形成促使各国更加专注于自身擅长的领域，通过专业化和合作实现全球创新资源的最优配置。开放的贸易政策使得跨国企业能够更灵活地参与全球价值链，分享全球创新成果，提高整体效率。

国际贸易使得新技术、新产品能够更快地进入全球市场，推动科技成果的商业化和应用。开放的市场环境为创新者提供更大的商业机会，激励他们更积极地投入到创新活动中。这种开放性的市场环境促进了全球创新的发展，使得创新不再受限于国界。

开放的贸易政策为国际创新竞争提供了开放、包容的环境，促进了创新资源的流动、合作的深入和全球价值链的形成。这种开放性的贸易政策为全球创新生态系统注入了活力，为各国创新者提供了更广泛的合作机会，共同推动着全球科技创新的不断繁荣。

（二）贸易政策可以通过引导国际合作或强调自主创新来影响国际创新竞争

贸易政策在国际创新竞争中通过引导国际合作或强调自主创新两种方式发挥着关键作用。这取决于国家的战略选择和目标设定。一方面，通过引导国际合作，国家可以在全球创新网络中发挥更积极的作用，促进创新资源的共享与交流；另一方面，强调自主创新则侧重于在国内建设自主创新体系，提升国家的创新能

第七章　国际经济贸易与创新经济学

力。这两种方式都在一定程度上影响着国际创新竞争的走向。

国家可以通过贸易协定、双边合作项目等方式，与其他国家分享科技资源、技术经验和创新成果。开展国际创新合作不仅有助于解决全球性问题，还能够促进各国在不同领域的专业知识交流，推动全球科技的前沿不断拓展。贸易政策引导的国际合作能够形成互利共赢的局面，为各国提供更广阔的发展机遇。

贸易政策强调自主创新则侧重于在国内建设创新体系，提升国家的创新能力。这包括通过技术创新、科研投入、人才培养等手段，培育本国的创新主体。国家可以通过减税、奖励创新、设立科技园区等政策手段，吸引和激励企业和研究机构进行更多的自主创新活动。这种方式强调了国家在创新过程中的自主性和独立发展的重要性，从而提升国家在国际创新竞争中的地位。

在引导国际合作时，国家需要谨慎选择合作伙伴，确保合作的公平与互利。在强调自主创新时，国家也需要在推动自主创新的同时，保持对外开放，吸引国际创新资源，避免形成封闭的创新体系。平衡国际合作与自主创新的关系，有助于国家更好地适应全球创新竞争的复杂环境。

贸易政策通过引导国际合作或强调自主创新，影响着国际创新竞争的走向。这两种方式并非对立的选择，而是可以相辅相成的。在全球化的背景下，国家需要灵活运用贸易政策，以促进国际创新合作，同时注重国内创新体系的建设，实现自主创新。只有在国际与国内的双重支持下，国家才能更好地应对全球创新竞争的挑战，实现可持续创新发展。

第四节　全球价值链与创新经济学

一、全球价值链

（一）全球价值链的定义

全球价值链是指在全球范围内，产品或服务的生产过程被划分成多个环节，各环节由不同国家或地区的企业参与，通过分工合作实现最终产品或服务的创造和交付。这一概念强调了全球化时代生产的协同性和跨国性，企业不再独立完成所有生产环节，而是通过全球范围内的分工合作，充分利用各地的专业优势，形成高效的产业链和供应链网络。全球价值链的形成使得产品生产更加灵活、高效，也促进了各国在全球贸易和经济中的深度融合。这一概念突显了全球产业互联互通的新模式，对于理解当今全球化经济格局和推动跨国合作具有重要意义。

（二）全球价值链的作用

全球价值链在当今经济环境中发挥着重要而复杂的作用，对各国、企业和全球经济体系都带来了深远的影响。其作用主要体现在以下几个方面：

通过将产品或服务的生产过程拆分成多个环节，各国企业可以专注于自身的核心竞争力，将生产环节分配给最具优势的地区。这不仅提高了生产效率，降低了成本，也加强了国际合作与交流。国际分工的深化使得全球价值链成为全球经济增长的推动力，促使各国在全球产业体系中形成互补性和协同发展。

各国企业在全球价值链中的合作和交流促使先进技术和管理经验在全球范围内传播。跨国公司通过在不同国家建立研发中心、生产基地，实现技术和经验的共享，推动了全球科技创新水平的提高。这有助于发展中国家吸取先进国家的经验，缩小科技差距，促进全球科技水平的整体提升。

产品生产的国际分工使得商品在全球范围内的流通更加高效。不同环节的生产地点的选择和调整，使得企业能够更好地适应国际市场的需求和变化。全球价值链的形成使得贸易不再仅仅是国家之间的交换，更是企业之间的协同。这有助于各国在全球贸易中更好地定位自己的角色，提高国际竞争力。

随着各环节生产的国际化程度的提高，产业链上不同国家和企业的相互依赖性增强。这导致了全球产业结构的动态变化，一些新兴产业和新型经济活动在全球范围内形成。全球价值链的参与使得各国更有可能参与到全球高附加值产业中，推动了全球产业结构的升级和优化。

全球价值链也带来了一系列的挑战和问题，如供应链风险、不均衡的利益分配、环境影响等。因此，在推动全球价值链的发展的同时，各国需要积极应对这些挑战，通过国际协作和制度建设，实现全球价值链的可持续发展，促进更加包容和可持续的全球经济增长。总体而言，全球价值链的作用不仅是推动全球经济蓬勃发展的引擎，更是国际合作和共赢的重要体现，对于全球经济体系的深度融合和共同繁荣具有深远而积极的影响。

二、创新经济学

（一）创新经济学的发展历程

创新经济学作为一门跨学科的研究领域，其发展历程可以追溯到20世纪初。在其漫长的发展过程中，创新经济学逐渐形成了一系列理论体系和方法论，深刻地影响了经济学、管理学、社会学等多个学科，成为解释和推动经济增长的关键理论之一。

早期阶段，创新经济学主要关注技术创新和产业变革。20世纪初，约瑟夫·熊彼特和弗里德里希·哈耶克等经济学家提出了创新对经济增长的推动作用，并强调市场竞争和企业家精神的重要性。然而，当时的创新经济学更侧重于静态均衡分析，对于技术创新的动态过程关注相对较少。

20世纪40年代到60年代，以肯尼斯·阿罗和罗伯特·索洛为代表的新古典经济学派对创新经济学进行了拓展和深化。他们强调技术创新对生产率和经济增长的积极影响，提出了"技术进步是经济增长的引擎"的观点。这一时期的研究开始注重创新与经济增长的动态关系，但仍然停留在宏观经济学的层面。

20世纪70年代至80年代，创新经济学进入了一个新的发展阶段，出现了结构主义和制度主义的观点。克里斯蒂安·弗雷和理查德·内尔森等学者开始强调创新不仅仅是技术层面的，还包括组织结构、制度安排和社会文化等多个方面。他们认为，创新是一个更加复杂的系统过程，需要考虑各种因素的相互作用。

在20世纪90年代，随着信息技术和全球化的迅猛发展，创新经济学进入了全新的阶段。新制度经济学家如道格拉斯·诺斯姆、理查德·尼尔逊等提出了"制度创新"等新概念，强调了创新在经济制度变迁中的作用。此外，克劳德·希拉尔、查尔斯·弗里曼等学者提出了"知识经济"和"技能密集型经济"等概念，使创新的内涵更为广泛。此时，创新经济学逐渐从传统的经济学视角拓展到组织学、社会学、科技管理等多个领域。

21世纪初，创新经济学进一步深化和发展，涌现出许多新的研究方向。开发型创新、开放创新、生态创新等概念逐渐受到关注，强调创新是一个开放、网络化的过程。此外，基于大数据和人工智能的研究方法也开始在创新经济学中得到应用，为研究提供了更为丰富和深入的数据支持。

创新经济学的发展历程经历了从技术创新到制度创新，再到知识经济和开放创新等多个阶段。它逐渐超越了传统的经济学边界，形成了一个跨学科、多维度的理论体系，为解释现代经济发展和推动创新研究提供了有力的理论框架。在未来，随着科技的不断演进和经济的深度变革,创新经济学将继续迎接新的挑战和机遇,为经济学和管理学领域的发展做出更多的贡献。

(二)创新经济学的核心观点

创新经济学的核心观点涵盖了多个层面,从技术创新到组织变革、制度创新,再到知识经济和开放创新等多个维度,形成了一个复杂而丰富的理论框架。以下是创新经济学的几个核心观点的综合阐述:

从熊彼特到索洛,再到更为现代的新古典经济学派,学者们一直强调技术进步是经济增长的主要动力。创新不仅仅是新产品、新服务的推出,更包括生产过程和管理方式的创新。技术创新通过提高生产率、降低成本,推动了企业和经济体系的不断发展。

创新不仅仅发生在科研实验室中,也涉及组织结构、市场机制、社会文化等多个层面。新制度经济学家提出的制度创新概念,强调了在经济制度层面的创新对整个经济系统的影响。这种系统性的观点使得创新经济学逐渐超越了传统的技术创新范畴,拓展到更为广泛的社会和组织层面。

知识经济的兴起使得知识的创造、传播和应用成为经济增长的核心。从理查德·尼尔逊的"知识经济"理论到弗朗西斯·弗里曼的"技能密集型经济"观点,学者们认识到在当今经济中,知识和技能的积累对于企业和国家竞争力的提升至关重要。

随着全球化的推进,企业和国家之间的合作和交流变得更加紧密。开放创新的理念认为,创新不再是企业内部封闭的过程,而是通过与外部合作伙伴、客户和供应商的联结,实现创新资源的共享和优势互补。这种开放的创新模式有助于提高创新效率,推动全球创新网络的形成。

随着社会对可持续发展的关注不断增加,创新经济学开始关注创新活动对环境的影响。可持续创新强调在技术和商业模式的创新中考虑环境和社会因素,以实现经济增长与资源保护的平衡。

创新经济学的核心观点围绕技术创新、系统性创新、知识经济、开放创新以及可持续创新等多个方面展开。这一丰富的理论框架为解释当代经济现象提供了深刻的思考,同时也为企业和国家制定创新战略提供了有力的指导。随着社会的不断变革和科技的不断发展,创新经济学将继续拓展和深化,为应对未来的经济挑战提供理论支持和实践指导。

三、全球价值链与创新经济学的互相作用

(一)创新驱动的全球价值链重塑

创新驱动的全球价值链重塑是当今经济全球化背景下的重要趋势,它以技术进步和市场需求的变化为动力,推动企业不断进行创新,涉及产品、服务、生产方式、管理模式以及营销策略等多个方面。这种重塑不仅影响了单个企业的竞争力,也深刻地改变了全球价值链的格局和运行方式。

随着消费者需求的变化和科技进步的推动,企业不断推出新产品、新服务,以满足市场的多样化需求。这些新产品和服务往往具有更高的附加值、更好的质量和更强的竞争力,促进了全球价值链向高端和高附加值领域升级。

企业通过引入先进的生产技术和管理理念,优化生产流程、提高生产效率,降低生产成本。例如,采用自动化和智能化生产设备,实现生产过程的智能化和自动化,提高生产效率和产品质量,促进了全球价值链的优化和提升。

创新驱动的全球价值链重塑还涉及营销策略和市场拓展方面的创新。随着数字化技术的发展和互联网的普及,企业可以通过在线销售、社交媒体营销等新的营销渠道和方式,与消费者进行更为直接、个性化的沟通和互动,提高营销效率和精准度,拓展

第七章 国际经济贸易与创新经济学

市场份额。

这种创新驱动的全球价值链重塑促进了全球价值链的升级和优化。通过不断进行创新，企业提高了产品和服务的附加值，提高了市场竞争力。同时，优化的生产方式和管理模式提高了生产效率和产品质量，降低了生产成本，提高了企业的盈利能力。这种全球价值链的升级和优化，不仅提高了整个价值链的效率和竞争力，也为全球经济的发展注入了新的动力和活力。

创新驱动的全球价值链重塑是推动经济全球化和产业升级的重要动力之一。通过不断进行创新，企业提高了产品和服务的质量和附加值，优化了生产方式和管理模式，拓展了市场份额，促进了全球价值链的升级和优化，推动了全球经济的持续发展。因此，各国和企业应加强创新能力的培育和创新环境的营造，不断推动创新驱动的全球价值链重塑，实现经济的可持续增长和发展。

（二）全球价值链推动创新跨国合作

全球价值链的形成和发展促进了跨国企业间的合作与创新，这种合作不仅加强了企业之间的联系，还推动了全球范围内的技术进步和经济增长。跨国企业通过整合资源、分工合作，共同参与创新活动，推动了创新成果的传播和应用。

随着全球化的推进，跨国企业在全球范围内建立了庞大的生产网络和供应链体系，涉及不同国家和地区的多个环节和节点。在这个过程中，跨国企业不断寻求合作伙伴，整合资源，实现优势互补，共同参与产品和服务的研发、生产和销售，促进了创新跨国合作的形成与发展。

跨国企业在全球范围内设立研发中心、实验室和技术团队，通过技术转移、专利许可等方式，共享创新成果和知识产权，推动了技术的传播和应用。同时，跨国企业之间也开展了技术合作、联合研发等形式的合作，共同攻克技术难题，推动了科技创新的进步。

跨国企业在全球范围内开展市场营销和销售活动，通过品牌推广、渠道拓展等方式，共同促进产品和服务的市场化和国际化。在这个过程中，跨国企业之间开展了市场合作，共同拓展市场份额，提高产品竞争力，推动了全球市场的稳定和繁荣。

全球价值链的发展也促进了跨国企业之间的人才流动和人才合作。跨国企业在全球范围内设立研发中心、生产基地和销售网络，吸引了来自不同国家和地区的优秀人才加入，形成了跨文化、跨国界的团队合作。这种人才流动和合作促进了不同文化和背景之间的交流和碰撞，激发了创新的火花，推动了全球范围内的人才合作和创新活动。全球价值链的形成和发展促进了跨国企业之间的合作与创新，推动了技术进步和经济增长。跨国企业通过整合资源、分工合作，共同参与创新活动，推动了创新成果的传播和应用，促进了全球范围内的技术进步和经济发展。因此，加强跨国企业之间的合作与创新，将有助于推动全球价值链的进一步升级和优化，实现经济的可持续发展。

（三）创新推动全球价值链的增值与升级

创新经济学的理论和实践在推动全球价值链的增值与升级中发挥了至关重要的作用。创新不仅提高了产品和服务的附加值，还推动了全球价值链向高端、高附加值领域的升级。通过不断引入新技术、新工艺和新材料，改进产品设计和生产流程，提高产品质量和品牌价值，实现全球价值链的升级与转型。

通过技术创新、工艺创新和设计创新，企业不断提升产品的技术含量和品质水平，开发出更具竞争力和附加值的产品。例如，智能手机、电动汽车、智能家居等新型产品的不断涌现，推动了全球价值链向高科技、高附加值产品领域升级。

企业通过引入先进的生产技术、智能化设备和物联网技术，优化生产流程，提高生产效率和产品质量，降低生产成本。同

第七章　国际经济贸易与创新经济学

时，通过引入先进的管理理念和信息化管理系统，提高了企业的管理水平和运营效率，推动了全球价值链的管理升级。企业通过不断创新和提升产品质量、服务水平和品牌形象，树立了良好的品牌形象和声誉，提高了产品竞争力和市场份额。同时，通过开拓新市场、拓展新渠道，推动了产品的国际化和全球化，促进了全球价值链的市场升级和拓展。

通过技术创新和产业创新，不断涌现出新的产业和新的业态，推动了传统产业向高端、智能、绿色产业转型升级。例如，新能源产业、生物医药产业、人工智能产业等新兴产业的崛起，推动了全球价值链的结构优化和升级。创新经济学的理论和实践推动了全球价值链的增值与升级。通过不断引入新技术、新工艺和新材料，改进产品设计和生产流程，提高产品质量和品牌价值，推动了全球价值链向高端、高附加值领域的升级。创新不仅推动了产品和服务的升级与优化，还促进了生产流程和管理模式的优化与提升，推动了品牌建设和市场拓展，促进了产业结构的优化和转型升级。因此，加强创新研发，提高创新能力，将有助于推动全球价值链的持续增值与升级，实现经济的可持续发展。

（四）全球价值链加速了创新的国际化

全球价值链的形成和发展在很大程度上加速了创新的国际化进程。随着全球化的推进，跨国企业在全球范围内建立了庞大的研发、生产和销售网络，这种网络不仅加速创新成果的推广和应用，也促进了创新资源的国际化与共享，推动了全球创新的发展与传播。

全球价值链的参与者之间进行技术、经验和人才的跨国流动，促进了创新资源的国际化与共享。随着全球价值链的发展，跨国企业在全球范围内建立了研发中心、生产基地和销售网络，吸引了来自不同国家和地区的优秀人才加入，形成了跨文化、跨国界的团队合作。这种人才流动不仅促进了不同文化和背景之间的交流和碰撞，也带来了不同国家和地区的创新思维和经验，丰富了全球创新的资源库。跨国企业在全球范围内建立了庞大的生产和销售网络，通过全球化的供应链体系，将创新成果快速推向全球市场。这种迅速的推广和应用有利于创新成果的快速验证和市场反馈，促进了创新的不断迭代和优化，推动了全球创新的发展和进步。

跨国企业在全球范围内设立研发中心和实验室，开展技术合作、联合研发等活动，共同攻克技术难题，推动了科技创新的进步。这种技术合作不仅促进了创新成果的传播和应用，也加速了技术的跨国转移和交流，推动了全球创新的国际化进程。全球价值链的形成和发展促进了创新的国际化进程。跨国企业通过全球范围内的研发、生产和销售网络，将创新成果迅速推向全球市场，促进了创新成果的快速传播和应用。同时，跨国企业之间的技术合作和人才流动也加速了创新资源的国际化与共享，推动了全球创新的发展与传播。因此，加强全球价值链的合作与协调，有助于促进全球创新的发展与繁荣，推动全球经济的持续增长。

（五）全球价值链与创新政策的互动

全球价值链的发展与创新政策之间存在着密切的互动关系。全球价值链的不断演进对创新政策提出了新的要求和挑战，同时也为创新政策的制定和实施提供了新的机遇和路径。政府可以通过优化创新政策环境、加强国际合作与交流，促进创新资源的跨国流动与共享，推动全球价值链的协调与发展。同时，全球价值链的参与者也可以通过创新政策的引导和支持，加速创新成果的应用和转化，提升全球价值链的竞争力和稳定性。

随着全球价值链的不断演进，创新不再局限于单一企业或国家，而是变得更加复杂和跨国化。因此，政府需要制定更加灵活和开放的创新政策，以适应全球化的创新环境。政策制定者需要加强对全球价值链的监测和分析，及时了解全球创新动态，针对性地调整和优化创新政策，为企业和创新者提供更好的支持和服务。

跨国企业在全球范围内建立了研发中心、生产基地和销售网络，形成了全球化的创新网络。政府可以通过加强国际合作与交流，促进创新资源的跨国流动与共享，推动全球价值链的协调与发展。例如，政府可以加强与其他国家和地区的科技合作，共同开展科技创新项目和研究，加速科技成果的转移和应用，推动全球价值链的优化和升级。全球价值链的参与者也可以通过创新政策的引导和支持，加速创新成果的应用和转化，提升全球价值链的竞争力和稳定性。政府可以通过提供税收优惠、科研资助和知识产权保护等政策措施，鼓励企业加大科研投入，加速技术成果的转化和商业化。同时，政府还可以加强对创新环境的改善，简化创新政策的程序和流程，降低创新成本，激发企业和创新者的创新活力，推动全球价值链的持续发展。

政府需要根据全球价值链的发展动态，及时调整和优化创新政策，为企业和创新者提供更好的支持和服务。同时，全球价值链的参与者也应积极响应政府的创新政策，加速创新成果的应用和转化，提升全球价值链的竞争力和稳定性，共同推动全球经济的持续发展和繁荣。全球价值链与创新经济学之间的互相作用是密不可分的。创新经济学推动了全球价值链的重塑和升级，而全球价值链的发展又为创新提供了新的机遇和路径。促进全球价值链与创新经济学的良性互动，将有助于推动全球经济的持续增长和可持续发展。

第八章 组织管理与创新经济学

第一节 创新领导与组织文化

一、创新领导

(一) 创新领导的含义

创新领导是一种引领组织不断创新发展的领导风格,其核心在于激发和推动团队创造性思维、探索未知领域、应对变革,以应对不断变化的市场和竞争环境。创新领导不仅仅关注组织的现状管理,更注重将团队带入新的前沿,鼓励成员超越传统界限,勇于挑战常规,追求卓越。这种领导风格不仅关注创新的结果,更注重创新的过程,致力于构建一种创新文化和氛围,使创新成为组织的核心竞争力。

创新领导者具有开放的心态,对新思想、新理念保持敏感,并愿意接受不同的观点和建议。他们鼓励员工表达创意,倡导在失败中学习,将挑战看作机会而非阻碍。创新领导者理解创新是一种持续的过程,而非一时的事件,因此在面对变革和不确定性时保持乐观和灵活的态度。他们鼓励员工跨越传统思维的边界,提倡跨学科的合作,促使不同领域的知识和经验融合,从而创造出独特的解决方案。创新领导者关注员工的个体发展,为其提供学习和成长的机会,培养创新领域的专业知识和技能,使团队整体拥有创新的动力和能力。他们塑造一种鼓励实验和尝试的文化，允许失败，并将其看作是学习和改进的机会。创新领导者通过设定激励机制，奖励创新成果，推动员工在创新方面敢于冒险。他们倡导团队协作和知识分享，创造一个开放、包容的工作环境，使创新成为组织的共同追求。他们具有洞察力，能够预见行业和市场的变化，主动寻找新的商机和发展方向。创新领导者善于引导团队适应变革，鼓励员工拥抱变化，将变革视为实现长期目标的必经之路。他们能够有效沟通变革的意义和目标，激发团队的合作热情，推动组织朝着更具创新性和竞争力的方向发展。

创新领导是一种引领组织不断创新发展的领导风格，具有开放的思维方式、激发团队创新激情、推动组织建设创新文化、引导变革的特征。在快速变化的商业环境中，创新领导者的角色变得愈发重要，他们为组织创造了活力和竞争优势，引领团队应对未知的挑战，不断前进。

（二）创新领导的角色

创新领导的角色是在复杂、不确定的环境中引导团队实现创新和变革的关键性角色。创新领导者在组织中扮演多重角色，从激发创新思维到塑造创新文化，再到推动变革和应对不确定性，都需要具备独特的领导能力和敏锐的洞察力。他们通过鼓励员工跳出传统框架思考问题，提倡开放性和探索性的思维方式，激发团队成员的创造性思考。创新领导者鼓励员工挑战常规，提出新观点，推动团队从过去的成功和失败中汲取经验教训，追求更为创新的解决方案。他们致力于构建一个支持创新的工作环境，倡导开放、包容的文化氛围。创新领导者强调鼓励实验、接受失败，将失败视为学习的机会，并通过奖励制度激励团队成员在创新方面的表现。他们通过言行和行为示范，塑造出一个有利于创新的组织文化，推动团队不断挑战自我，追求卓越。

在快速变化的商业环境中，创新领导者能够预见变革的来临，积极引导团队适应变革，激励员工勇于面对未知的挑战。他们能够有效沟通变革的意义和目标，建立共识，推动组织向更加创新和适应性的方向迈进。创新领导者具备领导变革的勇气和智慧，能够平衡短期目标和长期战略，推动整个组织朝着变革的方向迈进。他们关注团队成员的个体发展，为其提供学习和成长的机会。通过培训、导师制度等方式，创新领导者激发团队成员的创新潜能，帮助其发展创新领域的专业知识和技能。创新领导者还能够认可团队成员的贡献，激发他们的工作热情，从而形成高效、积极的团队氛围。

创新领导者在组织中扮演着多重角色，包括激发创新思维、塑造创新文化、推动变革和激励团队成员等方面。他们具备前瞻性的洞察力，能够在动荡的市场环境中引导组织前行。通过有效的沟通、敏锐的观察力和对团队成员的关注，创新领导者能够构建一个有利于创新和持续发展的组织生态，推动团队在变革中不断超越。

（三）创新领导的作用

创新领导在组织中发挥着至关重要的作用，其作用不仅仅局限于推动创新活动，更涉及塑造组织文化、引领变革和提高团队绩效等多个方面。

通过提倡开放的沟通氛围、鼓励员工跨越传统思维边界，创新领导者激发团队成员的创新思维。他们鼓励员工敢于挑战现状，提出新观点，并在团队中培养创造性的思考方式。这种激发创新思维的作用使得团队更加灵活，能够更好地应对变化和挑战。他们通过言行示范和组织设计，打造一个支持创新的工作环境。创新领导者鼓励员工实验和尝试，将失败看作学习的机会，使员工敢于冒险。他们倡导知识分享和团队协作，形成一个鼓励创新的文化氛围。这有助于激发员工的创造力，推动整个组织的创新活动。

在不断变化的商业环境中，创新领导者具有预见未来的洞察力，能够引导组织适应变革。他们有效沟通变革的意义和目标，带领团队积极面对不确定性，并在变革中寻找新的商机和发展方向。创新领导者是组织变革的推动者，通过领导力的发挥，使整个组织更加适应性和具有竞争力。他们关注员工的个体发展，提供学习和成长的机会。通过培训、导师制度等方式，创新领导者帮助员工发展创新领域的专业知识和技能。他们鼓励团队成员不断学习，积累经验，从而使整个团队具备更强的创新能力。

通过激发创新活力，推动团队变革，创新领导者有效地提高了团队的绩效。创新不仅使组织更加灵活适应市场变化，还促进了产品和服务的不断优化，提高了客户满意度。创新领导的作用使得团队能够在竞争中保持竞争优势，实现可持续发展。创新领导在组织中的作用是全方位的，包括激发创新思维、塑造创新文化、推动变革、激励员工发展以及提高团队绩效等多个方面。他们的领导力为组织创造了一种积极的创新生态，使得团队能够在不断变化的环境中保持竞争力，实现创新和发展的双赢。

二、组织文化

（一）组织文化的含义

组织文化是指一个组织内部共享的、深层次的价值观、信仰、行为准则以及共同的符号和仪式等元素所形成的综合体系。这种文化体系不仅仅是组织成员的工作方式，更是塑造组织独特身份认同和凝聚力的重要因素。组织文化深刻影响着员工的行为、决策和工作态度，是组织内部共同理解和认同的基石。组织文化反映了组织的核心价值观和信仰体系。这包括组织对于事业使命、愿景和目标的共同理解，以及组织对于员工行为规范和价值导向的共识。组织文化是一种共享的认知框架，通过共同的价值观念，塑造出组织成员对于组织使命和目标的认同感，从而形成共同的工作动力和方向。组织文化表现为共同的行为准则和规范。这包括在组织中期望的行为方式、沟通模式、决策方式等方面的共同认知。组织文化通过规范员工的行为，形成一种共同的工作风格，促使成员在工作中遵循相似的行为规范，增强组织的内部协调和协作效率。

组织文化包含了共享的符号、仪式和传统。这些符号和仪式可以是组织内部的标志、口号、庆典等，通过这些象征性的元素，组织成员能够建立起对组织的认同感和凝聚力。这些传统和仪式不仅仅是形式上的象征，更是组织成员之间共同经历和理解的载体，促使他们形成紧密的关系。组织文化是一种共同的心理契约。这是指在组织中形成的关于工作、职责和期望的默契。组织文化为员工提供了一种共同的工作理念，使他们能够更好地理解组织的期望，从而更好地融入组织并发挥个人的潜力。组织文化是组织内部共同的、潜在的价值观、信仰、行为准则等因素的综合体现。这种文化体系通过共同的核心价值、行为规范、符号和仪式等元素，塑造了组织独特的身份认同和凝聚力。组织文化不仅影响着组织内部成员的行为和态度，也在很大程度上决定了组织的长期发展方向和竞争力。因此，组织文化的理解和塑造对于组织的成功至关重要。

（二）组织文化的类型

组织文化具有多种类型，每种类型都反映了组织内部的价值观、行为规范以及成员之间的相互关系。这些类型的组织文化在很大程度上决定了组织的氛围、运作方式以及员工的工作体验。以下是几种常见的组织文化类型的综合阐述：

1. 创新型文化

创新型文化强调对新思想和创意的鼓励，倡导尝试新方法和不断改进。在这种文化中，员工被鼓励提出新观点，尝试新的工作方式，甚至允许失败作为学习的一部分。组织追求创新和不断进步，注重员工的创造性思维和灵活性。

2. 执行型文化

执行型文化注重执行力和效率，强调团队的目标达成和任务完成。在这种文化中，组织设定清晰的目标和标准，员工被期望快速而准确地完成任务。组织通常拥有明确的层级结构和规章制度，强调纪律和责任心。

3. 协作型文化

协作型文化强调团队合作和共享，倡导员工之间的互助和相互支持。在这种文化中，组织注重团队协作和共同成就，员工被鼓励分享知识、经验和资源。开放的沟通和共享是协作型文化的重要特征。

4. 稳定型文化

稳定型文化追求组织的平稳运作和守旧传统，注重秩序和规律。在这种文化中，组织通常具有稳定的结构和传统的价值观，员工被期望遵循规章制度，保持组织内的稳定性和连续性。

5. 市场竞争型文化

市场竞争型文化注重在市场中取得竞争优势，强调创新、竞争和结果导向。在这种文化中，组织追求市场份额和客户满意度，员工被激励为达成业绩目标而努力。竞争型文化通常注重市场变化和客户需求的敏感性。

6. 社会责任型文化

社会责任型文化强调组织对社会和环境的责任感，注重可持续发展和社会影响力。在这种文化中，组织积极参与社会公益活动，强调道德和社会责任，员工被鼓励在工作中考虑社会和环境的影响。

这些组织文化类型并非是孤立的，许多组织可能在不同层面上融合了多种文化元素。而且，随着组织的发展和变化，其文化类型也可能发生调整。理解和塑造适合组织需求的文化类型对于建立积极的工作氛围、提高员工满意度和促进组织成功至关重要。

(三）组织文化的作用

组织文化对于一个企业的长期成功和可持续发展起到了至关重要的作用。它不仅影响着组织内部的员工行为和态度，还深刻地塑造了组织的身份认同、价值观和整体形象。组织文化作为一种共同的价值观和信仰体系，有助于构建组织的身份认同。通过共享相似的核心价值观和共同的信仰，组织成员能够形成对组织的认同感，认为自己是组织的一部分，这有助于增强员工的凝聚力和忠诚度。组织文化作为一种象征，成为组织内部成员的共同认同点，形成了共同的工作动力和集体认同。组织文化中的行为准则和规范，成为员工在工作中的参考框架，引导他们的行为方式。通过共同的文化价值观，组织能够形成一种共同的工作态度，促使员工更好地理解和遵循组织的期望。这有助于提高工作效率，保持组织内部的秩序和协调。

创新型文化鼓励员工的创造性思考和探索新领域，有助于推动组织持续创新。在这种文化中，员工更愿意尝试新方法、提出新观点，组织也更容易吸纳新思想。创新文化为组织带来了灵活性和竞争力，使其能够适应不断变化的市场和环境。组织文化成为一个吸引人才的关键因素，有助于吸引那些与组织文化相契合的人才。同时，具有积极文化的组织能够提高员工的满意度，增强员工对组织的归属感，降低员工离职率，有助于建立稳定的团队。组织文化体现了企业的价值观和社会责任感，直接影响着外部利益相关方对组织的认知和评价。通过积极的组织文化，企业能够在社会中树立良好的声誉，建立品牌形象，吸引更多客户和合作伙伴。组织文化在多个层面上发挥着关键作用，包括构建组织身份认同、引导员工行为和决策、影响创新能力、吸引人才、提高员工满意度以及树立整体形象和声誉等方面。因此，组织应当认真对待文化建设，通过积极的文化塑造，为组织的可持续发展奠定坚实的基础。

第八章 组织管理与创新经济学

第二节 创新流程管理与经济学原理

一、创新流程管理

（一）创意生成

创新流程的第一阶段是创意生成，这是整个创新过程的起点，旨在挖掘和产生新的创意和想法。在这个阶段，组织需要采取一系列的方法和活动，以激发员工的创造性思维，促使他们提出新的概念和解决方案。

为了有效地进行创意生成，组织需要营造一种鼓励开放性思考和多样化观点的文化氛围。这可能包括建立开放的沟通渠道，鼓励员工分享他们的观点和想法，以及倡导对不同意见的尊重。创新文化的建设有助于打破传统思维模式，释放员工的创造潜力。

创意工具和技术是创意生成阶段的关键支持。这包括使用创意会议、头脑风暴、设计思维等方法，以集中和引导团队的创造性努力。组织可以设立专门的创意空间，提供创意工具和资源，以促进员工的灵感迸发。跨职能团队的协作也是创意生成的重要手段。通过将来自不同领域和专业背景的成员聚集在一起，组织能够汇聚不同的思考方式和经验，促使创意更全面、多元。协作有助于产生交叉创新，将不同领域的知识融合为新的想法。开展创意训练和培训是提高团队创意水平的有效途径。通过培养员工的创新意识、创造性思维和问题解决能力，组织可以为创意生成奠定良好的基础。创意训练可以包括创新工作坊、创新思维培训等形式，以提高员工的创意技能。在创意生成阶段，有效的领导力也至关重要。领导者需要激发团队的激情和创造力，提供支持和鼓励，同时为团队设定明确的创新目标。领导者的角色不仅是提供方向，还包括创造积极的工作氛围，使员工能够自由表达和分享他们的创意。

创意生成阶段是创新流程的关键阶段，通过建设创新文化、应用创意工具、跨职能协作、创意培训和领导力激发等手段，组织可以有效地引导团队在这一阶段取得有益的创新成果。

（二）创意评估

创新流程的第二阶段是创意评估，这一阶段旨在对生成的各种创意进行全面评估和筛选，以确定哪些创意具有实施的潜力和价值。创意评估的有效性对于确保组织在投入资源之前选择最具前景的创意至关重要。创意评估需要建立明确的评价标准和指标。这包括考虑创意的实施难度、市场潜力、与组织战略目标的契合度等方面的因素。制定清晰的评价标准有助于确保评估过程的客观性和一致性，使决策更加科学。

采用多元化的评估方法是创意评估的重要策略。除了定性评估外，还可以采用定量方法，如市场调查、用户反馈、投资回报率等指标，以全面了解创意的各个方面。多元化的评估方法有助于综合考虑创意的多个维度，减少主观偏见。在创意评估阶段，组织可以组建专门的评估团队，该团队应该涵盖不同领域的专业知识，确保对创意进行全面的技术、市场和财务评估。同时，引入外部专家或咨询机构的意见也可以为创意评估提供独立和客观的视角。与此同时，强调团队合作和共识建立是创意评估的重要方面。评估团队成员之间需要积极交流和合作，共同达成对创意的一致评估。通过有效的沟通，团队可以共同理解创意的潜在价值和可能面临的挑战。

组织可以借助先进的技术工具和数据分析方法来辅助创意评估。人工智能、大数据分析等技术可以帮助组织更快速、准确地分析创意的相关信息，为评估提供更全面的数据支持。

在创意评估的过程中，组织还应该注重风险管理。这包括对创意实施过程中可能面临的技术、市场和财务风险进行全面评估，并提出相应的风险缓解策略。通过对风险的认真评估，组织可以更好地制定实施计划，提高创意的成功率。创意评估阶段需要及时的决策机制。组织应该设定明确的决策时间表，确保在评估完毕后及时做出是否推进创意的决策。及时决策有助于避免拖延和失去市场机会。创意评估是创新流程中的关键环节，通过建立明确的评价标准、采用多元化的评估方法、团队合作和共识建立、借助技术工具和数据分析、风险管理以及及时决策等手段，组织可以有效地筛选出最具潜力的创意，为后续的创新实施奠定坚实基础。

（三）概念验证

概念验证是创新流程管理的第三个关键阶段，其主要目标是通过实验、测试和验证，确认创意的可行性和实施的可行性。在这一阶段，组织需要对挑选出的创意进行更深入的研究，以确保其在实际应用中的有效性和可持续性。概念验证需要建立实验和测试的框架。这包括设计实验计划、确定关键的验证指标和建立实验场景等。组织可以借助模拟环境、原型测试、实地试验等手段，系统性地验证创意的核心概念和关键功能。强调用户参与是概念验证过程中的重要环节。组织应该积极与潜在用户进行沟通和合作，获取他们的反馈和意见。用户参与有助于发现创意在实际使用中可能面临的问题，同时也能够验证创意是否满足用户的实际需求。

在概念验证阶段，组织需要注重数据收集和分析。通过收集实验数据、用户反馈以及其他相关信息，组织可以对创意的性能、市场潜力和可行性进行全面评估。数据驱动的验证有助于做出更为客观和科学的决策。概念验证也需要与利益相关方进行密切合作。这包括与技术专家、市场营销团队、财务部门等相关方的紧密协作。通过与各方协同工作，组织可以全面了解创意可能面临的挑战和机遇，为后续的实施提供更全面的支持。

在验证的过程中，组织需要灵活调整创意的方向。如果概念验证过程中发现创意存在问题或需要改进的地方，组织应该及时调整方案，以确保创意的可行性。灵活的调整有助于提高创意的成功率和适应性。概念验证还需要对创意的知识产权进行审查。确保创意的知识产权合规性和保护是概念验证过程中的一项关键任务。这有助于组织在实施过程中避免法律纠纷和知识产权争议。概念验证的结果将为组织提供决策的依据。通过全面的验证，组织可以做出是否继续推进创意、进行进一步研发或进行修正的决策。概念验证的成功将为创新项目奠定坚实的基础，为实施阶段提供有力支持。

概念验证是创新流程中的一个关键环节，通过实验、测试和验证，组织可以充分了解创意的可行性，确保其在实际应用中能够取得成功。通过建立实验框架、用户参与、数据收集与分析、与利益相关方合作、灵活调整、知识产权审查等手段，概念验证阶段有助于组织从理念过渡到实际实施，提高创新项目的成功率。

（四）开发和设计

开发和设计阶段是创新流程管理中的关键环节，其主要任务是基于经过验证的创意，进行详细的产品或服务设计，制定开发计划，并实施具体的开发工作。这一阶段的成功实施对于确保创新项目的顺利推进和最终实施成功至关重要。该计划应明确定义开发的目标、里程碑和时间表，以确保整个开发过程的有序进行。细致的计划有助于团队对开发任务的全面理解，提高项目的可控性。团队协作是开发和设计的核心。在这一阶段，各专业领域的团队成员需要密切协作，共同完成产品或服务的详细设计和开发工作。跨职能团队的合作有助于整合不同领域的专业知识，提高开发质量和效率。

第八章　组织管理与创新经济学

在开发和设计阶段，注重创新方法和工具的应用是至关重要的。采用设计思维、原型制作、快速迭代等创新工具，有助于发现和解决在开发过程中可能出现的问题，同时也能够更好地满足用户需求。开发和设计阶段需要强调用户体验（UX）的重要性。在产品或服务设计中，将用户体验置于优先考虑的位置，通过用户测试、反馈收集等手段，不断优化和改进设计，确保最终产品能够满足用户的期望和需求。

技术创新也是开发和设计阶段的一个关键焦点。组织需要确保选择和应用最先进的技术，以保证产品或服务在技术上的竞争力。同时，要注意技术的可持续性和可扩展性，以适应未来的发展需求。在开发和设计的过程中，项目管理的有效实施是不可或缺的。采用敏捷开发、迭代开发等项目管理方法，有助于及时发现和解决问题，确保开发过程的灵活性和高效性。质量管理是开发和设计阶段的重要任务之一。组织需要建立严格的质量标准和测试流程，以确保最终交付的产品或服务具备高质量和可靠性。在开发过程中实施质量控制，可以降低后期修复问题的成本和风险。开发和设计阶段需要与其他阶段保持良好的沟通和协调。与概念验证和概念生成等前期阶段的紧密衔接，有助于确保项目的顺利推进和整体一体化。

开发和设计阶段是创新流程中的核心环节，通过制定清晰的开发计划、团队协作、创新方法和工具应用、用户体验关注、技术创新、项目管理、质量管理以及与其他阶段的协同等手段，组织能够高效而有序地推进创新项目，最终实现创新成果的成功交付。

（五）测试和反馈

测试和反馈阶段是创新流程管理中至关重要的环节，其主要目的是对开发的产品或服务进行全面测试，获取用户反馈，发现潜在问题，并通过不断的迭代和优化确保最终交付的创新成果具备高质量和用户满意度。

　　测试阶段需要制定详细的测试计划。该计划应覆盖产品的各个方面，包括功能测试、性能测试、安全性测试等。建立全面而系统的测试计划有助于确保产品在各个层面都符合预期标准。强调用户参与是测试和反馈阶段的关键。通过引入用户测试、用户体验测试等手段，组织可以获取真实用户的使用体验和反馈。用户参与有助于发现产品可能存在的问题，并提供改进的方向，确保产品能够满足用户期望。在测试和反馈阶段，数据分析扮演着重要的角色。通过收集和分析测试数据、用户反馈以及其他相关信息，组织可以更深入地了解产品的性能、用户行为和市场反应，为优化提供有力的数据支持。测试团队需要注重质量控制和问题追踪。建立严格的质量标准和问题反馈机制，有助于及时发现和解决产品中存在的缺陷和问题。问题追踪系统可以帮助团队更有序地管理和解决测试中发现的各类问题。技术支持和培训也是测试和反馈阶段的一项任务。为最终用户提供必要的技术支持和培训，有助于确保产品在实际使用中能够正常运行，并提高用户的满意度。同时，及时更新用户手册和文档，以反映产品的最新状态和功能。

　　在测试和反馈的过程中，灵活的迭代和改进是必要的。根据测试结果和用户反馈，及时调整和优化产品的设计和功能，以确保产品的适应性和持续改进。灵活的迭代有助于产品更好地适应市场需求和用户期望。测试和反馈阶段需要与其他阶段保持紧密协调。与开发和设计团队的紧密沟通，确保测试的准确性和全面性，同时与概念验证和概念生成等前期阶段的协同，有助于整个创新流程的衔接和顺利推进。

　　测试和反馈阶段是创新流程中的关键步骤，通过制定详细的测试计划、用户参与、数据分析、质量控制、技术支持和培训、迭代和改进等手段，组织能够全面评估产品的性能和用户体验，及时发现问题并进行优化,最终确保创新成果在实际应用中取得成功。

(六) 推广和营销

推广和营销阶段是创新流程管理中的关键环节,其核心任务是将经过测试和优化的创新成果引入市场,制定有效的推广和营销策略,实现产品或服务的广泛传播和用户接受。

制定明确的推广和营销策略是推广和营销阶段的首要任务。该策略应包括目标市场的明确定位、竞争分析、定价策略、渠道选择等内容。建立全面的推广和营销计划有助于组织有序地进行市场推广。品牌建设和市场定位是推广和营销的核心元素之一。通过强调产品或服务的独特价值、品牌形象和核心竞争力,有助于在市场中树立积极的品牌形象,提高用户对产品的认知和信任。在推广和营销的过程中,数字化营销手段的应用至关重要。通过社交媒体、搜索引擎营销、内容营销等数字化渠道,能够更精准地触达目标用户,提高市场曝光度,并实时获取市场反馈。数字化营销手段有助于提高推广效果和降低推广成本。

建立有效的销售渠道也是推广和营销的一项重要任务。通过与经销商、合作伙伴的合作,将产品或服务更广泛地引入市场。开发多样化的销售渠道有助于提高产品的销售覆盖面和市场渗透率。用户体验和口碑传播是推广和营销成功的重要保障。通过提供优质的用户体验,满足用户需求,促使用户口口相传,形成良好的口碑。用户口碑传播具有强大的影响力,可以有效地推动产品的市场扩张。关注市场反馈和数据分析是推广和营销的关键环节。通过监测市场反馈、用户行为数据以及销售数据,组织可以及时调整推广策略,优化营销方案,确保在市场中保持竞争力。与推广和营销相关的品牌活动和宣传也是吸引目标用户的重要手段。通过参与行业展会、举办产品发布会、开展促销活动等方式,提高产品在市场中的曝光度,吸引用户关注。建立有效的客户服务和售后支持体系，为用户提供及时、专业的服务。良好的客户服务有助于保持用户满意度，促使用户成为品牌的忠实支持者，并为品牌树立良好的口碑。

推广和营销阶段是创新流程中的关键环节，通过制定明确的推广策略、品牌建设、数字化营销、销售渠道拓展、用户体验和口碑传播、市场反馈与数据分析、品牌活动与宣传、客户服务和售后支持等手段，组织能够全面、有序地将创新成果引入市场，取得市场份额，最终实现创新项目的商业成功。

（七）监测和持续改进

监测和持续改进阶段是创新流程管理的关键环节，旨在通过系统的监测和反馈机制，不断收集、分析数据，发现潜在问题，优化创新成果，确保其在市场中持续成功。这一阶段贯穿整个创新过程，具有持久性和循环性的特征，是保持创新项目健康发展的关键。

建立有效的监测体系是监测和持续改进的基础。通过明确监测指标、设立监测节点和采用适当的监测方法，组织可以全面了解创新成果的表现，包括市场份额、用户满意度、销售数据等各个方面。监测体系有助于及时发现问题，为持续改进提供数据支持。注重用户反馈是监测和持续改进的重要环节。通过用户调查、反馈表、在线社区等方式，收集用户的真实感受和建议。用户反馈是持续改进的有力驱动力，有助于发现产品或服务可能存在的问题，并提供改进的方向。在监测和持续改进的过程中，数据分析发挥着关键作用。通过对市场数据、用户行为数据以及其他相关数据的深入分析，组织可以识别潜在趋势、挖掘问题根源，并为持续改进提供科学依据。数据分析是监测体系中的重要工具，有助于实现数据驱动的持续改进。

制定有效的改进计划是监测和持续改进的核心。根据监测结果和用户反馈，组织应该迅速制定改进计划，并明确改进的目标

第八章 组织管理与创新经济学

和具体措施。持续改进计划需要包括技术、市场、用户体验等多个方面，以全面提升创新成果的质量和竞争力。在监测和持续改进的过程中，组织需要注重团队学习和知识积累。通过总结经验教训、分享成功案例、建立知识库等方式，不断提升团队的学习能力和创新能力。团队的学习和积累有助于将经验应用到未来的创新项目中，实现创新能力的可持续发展。技术更新和趋势监测也是监测和持续改进的一项任务。随着科技的不断发展和市场环境的变化，组织需要及时了解新的技术趋势和市场变化，以保持创新成果的竞争力。定期进行技术更新和趋势监测，有助于及时调整创新方向，确保项目与市场同步。在监测和持续改进阶段，组织应该注重沟通和协调。与各个团队、利益相关方的紧密沟通，及时分享监测结果和改进计划，促使整个组织保持共同的目标和方向，形成持续改进的共识。

监测和持续改进阶段是创新流程管理的最后一环，通过建立有效的监测体系、注重用户反馈、数据分析、制定改进计划、团队学习和知识积累、技术更新和趋势监测、沟通与协调等手段，组织能够持续提升创新成果的质量和市场竞争力，实现创新项目的可持续成功。

二、创新流程管理的经济学原理

（一）机会成本

创新流程管理涉及多个经济学原理，其中机会成本是一个关键概念。机会成本是指在做出某种决策时，放弃了选择的最优替代方案所付出的成本。在创新流程中，企业需要在各个阶段做出决策，而机会成本的考虑对于优化资源配置和提高创新效率至关重要。

创新流程中的机会成本体现在资源分配和投资决策上。企业在进行创新时需要投入资金、人力、时间等资源，而选择一项创新项目就意味着放弃了其他可能的项目或机会。在资源有限的情况下，企业必须权衡各项创新项目的机会成本，以确保选择的项目具有最大的经济效益。

机会成本在创新项目选择和优先级确定中发挥作用。企业可能面临多个创新机会，但由于资源有限，必须选择其中的一部分进行投资和开发。在这个过程中，企业需要考虑每个项目的机会成本，即如果选择了某个项目，就需要放弃其他项目所带来的潜在收益。因此，创新流程管理要求企业对各项创新机会进行全面评估，选择对整体业务最有利的项目。机会成本还体现在创新决策的时机选择上。在市场竞争激烈的环境中，推迟创新可能导致失去市场份额和竞争优势。因此，企业需要权衡不同时机下的机会成本，决定何时进行创新投资，以在市场上保持竞争力。

选择一种新技术或方法可能需要一定的学习和适应期，而在这个过程中，企业可能错过了其他更成熟的技术或方法。因此，在创新流程管理中，企业需要考虑学习曲线和经验积累对机会成本的影响，以更好地选择创新路径和战略。机会成本是创新流程管理中经济学原理的关键要素之一。企业需要在资源分配、项目选择、时机决策和学习曲线等方面考虑机会成本，以实现创新投资的最优化，提高创新项目的成功概率，从而在竞争激烈的市场中取得持续的经济利益。

（二）边际效益递减

边际效益递减是创新流程管理中的重要经济学原理，指的是在持续增加一种生产要素的使用量时，最终增加产出的边际效益逐渐减小的现象。在创新流程中，理解和应用边际效益递减原理对于优化资源配置、提高创新效率至关重要。

随着对某项创新项目投入的资源逐渐增加，最初的阶段可能会获得显著的产出增益，但随着投入的进一步增加，新增的产出逐渐减少。这就要求企业在创新流程中谨慎权衡资源的使用，避

第八章　组织管理与创新经济学

免过度投入而带来边际效益递减的负面影响。企业需要在各个创新项目之间进行比较，选择具有最大边际效益的项目进行投资。在资源有限的情况下，优先考虑那些在边际效益递减前能够获得最大产出的项目，以提高整体创新投资的效益。

在创新领域，初始的研发投入可能会取得显著的技术突破和创新成果，但随着研发投入的继续增加，对于产出的额外增益逐渐减少。因此，在制定技术创新战略时，企业需要考虑边际效益递减的原理，以确保投入与产出之间的平衡。

在推广和营销过程中，企业可能通过增加广告投入、销售人员的数量等手段来扩大市场份额，然而，过度的投入可能导致边际效益递减，即每增加一单位的投入所带来的市场份额增益逐渐减少。因此，企业需要在市场推广中谨慎考虑投入规模，以避免效益递减的负面影响。在实践中，理解和应用边际效益递减原理有助于企业更精确地评估创新投资的效果，优化资源配置，确保在创新流程中获得最大程度的经济效益。通过谨慎权衡资源使用、优化项目选择和投入规模，企业能够更有效地应对边际效益递减的挑战，提高创新项目的整体成功率。

（三）需求与供给

需求与供给是创新流程管理中的经济学原理，涉及市场中产品或服务的交易和流通。在创新流程中，理解和平衡需求与供给的关系对于确保创新成果在市场中取得成功至关重要。

企业需要通过深入了解市场需求，把握消费者的偏好和期望，确保创新成果能够满足市场的实际需求。与此同时，企业也需要考虑供给方面的因素，包括技术可行性、生产成本等，以确保创新成果能够在供给方面实现可行和可持续。企业需要根据市场需求的强弱、产品的独特价值以及供给成本等因素，制定合理的定价策略。通过精确把握市场需求和供给状况，企业可以更好地定价，确保产品在市场中既能够吸引需求方，又能够为供给方带来可持续的盈利。

在推广和销售阶段，企业需要根据市场需求的差异制定差异化的市场策略，以满足不同群体的需求。同时，企业也需要确保供给链的高效运作，以保障产品的及时供应。通过有效地平衡需求与供给，企业能够更好地适应市场的变化，提高创新成果的市场渗透率。在创新流程管理中，需求与供给的平衡还涉及市场规模的评估和拓展。企业需要对市场的需求进行准确的预测，以便调整创新项目的规模和产能。同时，企业也需要考虑市场供给的充分性，确保有足够的生产能力满足市场需求，避免因供给不足而错失市场机会。

需求与供给的平衡还涉及市场竞争的因素。企业在制定创新战略时需要考虑竞争对手的动态，确保在市场中有足够的竞争力。通过不断了解市场需求和供给的变化，企业可以灵活调整创新策略，保持竞争优势。需求与供给的平衡是创新流程管理中的关键经济学原理，涉及产品设计、定价策略、市场推广、销售策略、市场规模评估和竞争分析等多个方面。通过合理平衡需求与供给，企业能够更好地适应市场变化，提高创新成果在市场中的竞争力和市场份额。

第三节　创新团队与人力资本经济学

一、创新团队

（一）创新团队的含义

创新团队是由一群具有多样化技能、知识和经验的成员组成的团队，旨在共同追求创新、解决问题并推动组织发展的团队。这样的团队通常由来自不同背景、专业领域的成员组成，包括工程师、设计师、市场专家、项目经理等，以确保在创新过程中能

第八章 组织管理与创新经济学

够汇聚各种视角和思维方式。创新团队的关键特征之一是多样性，这种多样性涵盖了成员的技能、经验、文化背景和思维方式。多元化的团队能够带来不同的观点和创意，激发创新的火花。每个团队成员都为团队贡献独特的专业知识，共同努力解决问题和推动项目向前发展。在创新团队中，团队成员之间的协作和沟通是至关重要的。团队成员需要能够开放地分享想法、提供建议，并在团队中建立积极的工作氛围。协作有助于将不同的观点融合在一起，形成创新的整体解决方案。此外，团队成员之间的有效沟通也有助于避免误解和提高工作效率。创新团队通常以共同的目标为导向，这个目标可能是推出新产品、改进现有流程、解决市场挑战等。团队成员共享对于目标的承诺，努力实现团队的愿景和使命。共同的目标有助于团队保持动力，集中精力克服困难，最终取得成功。

（二）创新团队的作用

创新团队在组织中扮演着关键的角色，其作用不仅限于推动创新项目的成功，更涉及促进组织的可持续发展。创新团队具有融合多元视角和专业知识的能力。由于团队成员来自不同领域、拥有各种技能和经验，创新团队能够在解决问题和制定创新战略时提供广泛的视角，从而创造性地结合不同领域的知识，促进创新思维的涌现。

在团队中，成员之间的协作和相互支持是推动创新的关键。通过共享想法、互相启发，团队成员能够迅速产生新的创意和解决方案。这种协作精神不仅促进了创新的发生，也增强了团队的凝聚力和合作效率。创新团队还能够培养创新文化和氛围[1]。通过鼓励团队成员提出新观点、尝试新方法，创新团队有助于在整

---

[1] 创新撬动全球中长期经济增长［N］. 中国社会科学报，2017-07-20（008）

213

个组织中树立创新文化。这种文化推动着员工更加愿意接受变革，敢于冒险尝试新的理念和方法，从而使整个组织更具创造性和适应性。创新团队通过及时获取市场反馈和用户需求，有助于确保创新项目与市场需求保持一致。团队成员与外部利益相关者进行紧密合作，收集信息并及时调整项目方向。这种敏锐的市场感知有助于避免项目偏离实际需求，提高创新项目的成功概率。创新团队还能够培养团队成员的创新能力和领导力。通过参与创新项目，团队成员能够锻炼解决问题的能力、创新思维和领导技能。这样的培养不仅有助于团队成员个体的职业发展，也为整个组织培养出更具创新精神的人才。

创新团队在组织中的作用不仅局限于推动创新项目的成功，更体现在促进多元思维、协作精神、创新文化的培养，提高组织的创新能力和适应性。通过创新团队的作用，组织能够更好地适应快速变化的市场环境，实现可持续的创新和发展。

二、创新团队涉及的人力资本经济学原理

（一）人力资本经济学关注个体的激励对于创新的影响

人力资本经济学关注个体的激励对于创新的影响，这一原理在创新团队的构建和管理中具有重要的指导作用。激励机制是激发团队成员创新动力的关键工具，通过合理设计和实施激励制度，可以有效推动个体在创新团队中发挥潜力，从而提高整体创新水平。

激励机制对于激发创新团队成员的积极性至关重要。通过奖励创新成果、提供职业晋升机会以及给予项目负责人等特殊角色，团队成员得到了直接的激励，鼓励他们更加努力地参与创新活动。这种积极的激励机制有助于个体产生创新思维、提出新观点，并将其转化为切实可行的创新解决方案。激励机制可以帮助创新团队建立创造性的工作氛围。通过设立奖励制度，如创新奖

金或名誉奖项，团队成员受到激励，形成了对创新活动的共同追求。这样的创造性氛围促使团队成员更加敢于冒险尝试、提出创新想法，并在面对挑战时更具有解决问题的决心。个体激励还可以通过个人发展机会的提供来实现。为团队成员提供专业培训、参与创新项目的机会以及晋升通道，使他们感受到组织对其个体发展的重视，从而激发其对创新的投入。这种个体发展的激励机制使团队成员能够在创新过程中不断提升自身的专业素养和创新能力。在创新团队中，激励机制还可以通过分享创新成果的权益分配来实现。建立合理的知识产权和奖励制度，将创新成果的收益与个体的贡献挂钩，激发团队成员更加投入于创新项目，分享创新带来的经济和非经济回报。

人力资本经济学强调个体激励对于创新的重要性，创新团队可以通过巧妙设计激励机制来引导团队成员的行为，激发其创新潜力，从而推动整个团队实现更高水平的创新成果。激励机制的合理运用有助于构建积极向上的创新文化，使团队成员更加投入和有动力地参与创新活动。

（二）人力资本经济学强调个体的教育和培训对于提高其创新能力的重要性

人力资本经济学的核心理念之一是强调个体的教育和培训对于提高创新能力的重要性。在创新团队中，个体的知识和技能水平直接影响着团队的创新潜力和绩效。因此，通过有针对性的教育和培训，可以有效提升团队成员的人力资本，激发其创新思维，推动整个团队朝着创新目标迈进。

在创新领域，多样化的知识背景对于解决复杂问题、提出创新观点至关重要。通过提供系统化的教育和培训，团队成员可以获得更广泛、更深入的专业知识，使其在创新项目中具备更全面的视野和能力。

创新要求团队成员具备独立思考、勇于尝试新思路的能力。通过提供创新教育和培训，团队成员能够学习到创新方法论、解决问题的框架，培养创新思维的习惯，提高他们在创新团队中的创新能力。

创新领域日新月异，不断涌现出新的技术和方法。通过定期的教育和培训，团队成员能够紧跟行业发展的脚步，获取最新的知识和技能，为团队的创新活动提供前沿支持。

在创新项目中，面对未知领域和新兴技术，团队成员需要具备快速学习和适应的能力。通过提供灵活、针对性的教育和培训，团队成员能够更加从容地应对各种复杂情境，增强团队的创新应对能力。

在学习型组织中，团队成员习惯不断学习、分享知识，形成良性的知识循环。通过倡导并实施教育和培训计划，创新团队能够培养出更具学习意识和开放心态的团队文化，促进知识的共享和团队整体创新水平的不断提升。

人力资本经济学强调个体的教育和培训对于提高创新能力的重要性。在创新团队中，通过为团队成员提供有针对性的、不断更新的教育和培训，能够有效地提升他们的知识水平、创新思维和问题解决能力，为团队的创新活动提供强有力的支持。

第四节　创新组织结构与绩效经济学

一、创新组织结构

（一）扁平化结构

扁平化结构是一种组织结构设计，其核心理念在于减少层级和管理层次，使组织更加灵活、快速响应市场变化。在创新组织中，扁平化结构具有显著的优势，能够促进创新、提高沟通效率、激发员工创造力。扁平化结构降低了组织的层级，减少了管理层之间的沟通障碍。在传统的垂直结构中，信息需要经过多个层级传递，导致信息失真和延迟。而扁平化结构通过减少中间层级，使得信息能够更加迅速地在组织内传递，提高了组织对外界创新信息的感知和吸收能力。

由于层级较少，员工更容易直接与决策者和同事进行沟通，避免了信息被过多层级屏蔽的情况。这种直接的沟通有助于迅速解决问题、收集反馈，推动创新团队更加紧密地协作，形成高效的创新工作氛围。扁平化结构还强调团队的自治和自主权。相比于传统结构中对于下属的严格管理，扁平化结构赋予员工更多的自主决策权。这种自主性激发了员工的创造力和创新动力，使得创新思维能够在组织内更加自由地涌现。

在创新组织中，扁平化结构还能够缩短决策周期。由于决策者较少，决策可以更加迅速地制定和实施，有助于组织更快地适应市场变化、抓住创新机会。这种敏捷性是创新组织在快节奏的市场竞争中保持竞争优势的重要因素。然而，扁平化结构也存在局限性，如过度集权可能导致决策单一、员工过度负担等问题。因此，在实施扁平化结构时，需要平衡权力分配、建立透明的沟通机制，以确保组织在扁平化中仍能够保持有效的运作和协同。

总的来说，扁平化结构在创新组织中展现出独特的优势，通过降低层级、促进直接沟通、强调自治性，为创新活动提供了更加灵活、高效的工作环境，有助于推动组织更加积极地追求创新和持续发展。

（二）创新组织结构的特征

创新组织结构具有一系列独有的特征，这些特征旨在促进组织内部的灵活性、协同和创新能力。首先，创新组织结构强调开放性和灵活性。相比传统的刚性层级结构，创新组织更倾向于采用开放的布局，鼓励信息流动、交叉合作，以适应快速变化的市场环境。

通过打破传统的功能性壁垒，创新组织鼓励不同职能部门和团队之间的密切合作，以促进知识和经验的交流，从而推动创新思维的融合和新观点的涌现。在这样的结构中，沟通渠道通常是开放式的，不仅在组织内部各层级之间畅通，还包括与外部合作伙伴、客户和其他利益相关者的积极交流。这种开放的沟通有助于组织获取外部创新资源、了解市场动态，从而更好地引领行业潮流。

相对于传统的多层级管理结构，创新组织更倾向于精简管理层次，提高决策的效率和灵活性。这种扁平化的结构能够让决策更快速地下达，更迅捷地适应市场变化，推动组织更加迅速地实现创新目标。通过在组织内部倡导创新的价值观和文化，激励员工提出新的想法、勇于冒险尝试。这种创新文化不仅促使组织内部的创新思维，也有助于吸引具有创造性思维的人才加入组织。

在快速变化的市场环境中，组织需要不断学习、不断适应，以保持竞争力。创新组织结构通常通过设立学习机制、定期的培训和知识分享活动，建立学习型组织文化，促使员工保持持续进步和创新意识。创新组织结构的特征体现了对灵活性、协同和创新能力的高度追求。通过打破传统的组织边界、强调开放的沟通文化、精简管理层次等特征，创新组织结构有助于搭建一个有利于创新和持续发展的工作平台。

二、创新组织结构涉及的绩效经济学应用

（一）创新组织结构需要有效的绩效评估体系

创新组织结构的成功实施离不开有效的绩效评估体系，而绩效经济学提供了理论和方法来支持这一关键方面。在创新组织中，需要一个灵活而全面的绩效评估体系，以确保团队成员的创新能力得到充分发挥，并促进整个组织的创新活动。

绩效经济学强调目标的明确性和可量化性。在创新组织中，绩

效评估的目标应该明确反映创新的要求，包括但不限于新产品的推出、创新项目的成功实施、技术突破等。通过将这些创新目标具体化、可量化，可以更好地衡量团队成员在创新方面的表现。

创新组织结构需要考虑到团队合作和跨功能协同的绩效评估。绩效经济学强调团队协作对于整体绩效的重要性。在创新组织中，团队成员之间的合作和协同对于创新活动的成功至关重要。因此，绩效评估体系应该能够全面评估团队协作的贡献，鼓励成员跨功能合作，推动创新项目的协同进行。

绩效经济学支持创新组织采用基于成果的奖励制度。创新项目的成功通常是一个长期过程，而绩效经济学提倡基于成果的奖励可以激发团队成员更加专注于创新任务，追求长期的创新目标。这种奖励制度可以通过设立创新奖金、股权激励等形式来体现。绩效经济学的灵活性原则也能够支持创新组织在评估绩效时更加灵活和动态。创新活动通常伴随不确定性和试错，因此，绩效评估体系应该具备调整和适应变化的能力，以便更好地应对创新过程中的挑战和不确定性。绩效经济学在创新组织中的应用需要注重全员参与和反馈机制。创新活动涉及全员的创新思维和贡献，绩效评估体系应该具备全员参与的机制，同时为成员提供及时的反馈，帮助他们更好地调整创新方向和方法。

创新组织结构需要建立有效的绩效评估体系，而绩效经济学提供了一系列理论和方法，强调目标明确、团队协作、基于成果的奖励以及灵活性等原则，以支持创新组织中的绩效管理，推动创新活动的顺利进行。

（二）绩效经济学强调设计有效的激励机制以激发员工的积极性

绩效经济学在创新组织结构中强调设计有效的激励机制，以激发员工的积极性，这对于推动创新活动的顺利进行至关重要。

在创新领域，员工的创造性思维和积极性是推动项目成功的关键因素，而激励机制的设计直接影响着员工投入创新工作的程度。

通过设立创新奖金、提供名誉奖项或其他形式的奖励，可以激发员工追求卓越和创新。这种奖励制度不仅是对员工努力的公正回报，同时也建立了一种积极向上的激励机制，鼓励员工更加投入于创新项目中。为员工提供公司股票或股权，使其分享到公司创新成果所带来的经济回报。这种股权激励不仅将员工与公司的利益紧密联系在一起，还促使员工更为自觉地为公司的长远发展出谋划策，提高了员工对创新项目的投入和责任感。

不同的员工在创新项目中可能有不同的贡献，因此，差异化的激励机制能够更精准地识别和奖励出色的表现。这包括设立个性化的目标，对于不同的创新角色和层级制定相应的奖励标准，使员工感受到公正和激励的双重效果。清晰的激励机制能够使员工更好地理解公司对于创新的期望，并明确他们的付出与回报的关系。公平的激励机制不仅增强了员工的信任感，也有助于构建积极的组织文化，为创新活动提供更好的组织支持。

在创新项目中，及时的反馈对于员工调整方向、改进工作效率至关重要。通过及时给予激励反馈，可以帮助员工更好地理解自己的优势和不足，激发其改进和创新的动力。绩效经济学在创新组织结构中的应用强调设计有效的激励机制，以激发员工的积极性。通过合理设立奖励、股权激励、差异化激励等机制，加强激励机制的透明度和公平性，并及时提供激励反馈，可以更好地激发员工的创新潜力，推动整个创新组织迈向成功。

（三）创新组织需要设计和使用与创新相关的绩效指标

创新组织结构的绩效经济学应用中，设计和使用与创新相关的绩效指标是至关重要的一环。创新是一个复杂而多层次的过程，传统的绩效指标可能无法全面反映创新活动的质量和成果。因此，创新组织需要精心设计并使用创新相关的绩效指标，以全

第八章 组织管理与创新经济学

面评估和引导创新工作的进展。创新组织可以设计创新产出指标，用于衡量新产品、新服务、新技术等创新成果的数量和质量。这包括新产品的市场推出、专利的申请数量和质量、技术创新的成功实施等方面。通过设立这些产出指标，可以直观地了解创新活动的成果，并将其作为评估创新绩效的重要依据。创新组织可以采用创新速度和响应能力等指标，来衡量组织对市场变化和新兴技术的适应能力。创新速度指标可以反映出创新项目从构思到实施的时间，而响应能力则体现组织对外部创新动态的敏感度。这些指标有助于评估组织是否具备快速响应市场变化、抓住时机的能力。创新组织可以设计员工参与创新活动的指标，以衡量员工在创新过程中的贡献。这包括提出新的创意、参与创新项目、跨部门合作等方面。通过设定员工参与创新的指标，可以激励员工更积极地参与创新活动，同时也为个体的创新能力提供了可量化的反馈。创新组织还可引入与知识管理相关的指标，以衡量组织内部知识的积累和分享。这包括知识库建设、知识分享平台活跃度等方面。通过关注这些指标，组织可以更好地促进内部知识的流动和创新思想的传播，为创新活动提供有力支持。创新组织还可以引入风险承受能力和试错文化等指标，用于评估组织对于创新过程中风险的容忍程度和对于失败的包容态度。这些指标有助于营造一种鼓励创新尝试、允许失败的文化氛围，激发员工勇于尝试新思路、不断创新的信心。创新组织结构需要设计和使用与创新相关的绩效指标，以更全面、客观地评估创新活动的成果和贡献。这些指标不仅有助于量化创新绩效，还能够引导组织持续关注创新活动的关键方面，从而推动整个创新组织朝着更加创新和成功的方向发展。

第九章 未来趋势与创新经济学展望

第一节 技术创新的未来趋势

一、人工智能（AI）和机器学习（ML）的崛起

人工智能（AI）和机器学习（ML）的崛起标志着技术创新的前沿，将在未来对各行业产生深远的影响。首先，AI和ML的不断发展将推动智能化技术在医疗、金融、交通等领域的广泛应用。在医疗领域，AI可以帮助医生进行精准诊断，预测疾病发展趋势，提高医疗决策的准确性。在金融领域，ML技术可用于风险评估、投资组合管理和欺诈检测，为金融机构提供更精准的决策支持。在交通领域，AI可以优化交通流，提高交通效率，同时推动自动驾驶技术的发展。

通过智能家居设备，人们可以实现对家庭环境的智能化管理，包括温控、安防、家电控制等。智能城市则借助AI和ML技术实现对城市基础设施的智能监测和管理，提高城市运行的效率和可持续性。这些应用不仅提升了生活质量，也为城市可持续发展提供了新的路径。

语音助手、智能客服等应用将更加普及，提供更自然、智能的交互方式。这将改变人机界面，使得人们能够更自由地与计算机系统进行沟通，促进数字化时代的更深层次融合。

生产制造领域将更多地采用机器人和自动化系统，提高生产

第九章　未来趋势与创新经济学展望

效率和质量。在服务行业，智能机器人和虚拟助手将逐渐替代一些繁重和重复性的工作，释放人力从事更创造性的任务。这种趋势将改变职业结构，要求人们具备更多的创新和高级技能。

随着大数据的普及，个人信息的收集和分析将更加普遍。因此，社会将不得不面对如何平衡技术创新和隐私保护的问题，加强对数据使用的监管和伦理标准。

人工智能和机器学习的崛起将在未来对社会产生深远影响，推动技术创新的前沿不断拓展。这一趋势将塑造未来的产业格局、改变人们的生活方式，同时也引发一系列新的社会挑战和伦理讨论。

二、物联网（IoT）的发展

物联网（IoT）的发展将在未来成为技术创新的关键推动力，引领着数字化时代的新浪潮。物联网将实现各类设备和物体的互联互通，形成一个庞大的网络。这不仅包括智能家居中的智能电器、传感器，还包括工业领域的生产设备、城市中的交通系统、医疗领域的医疗设备等。这种广泛的连接将为人们提供更智能、便捷的生活和工作方式。

通过将城市中的各类设施、交通系统、公共服务等纳入物联网网络，可以实现对城市运行的实时监测和智能化管理。智慧城市的发展将提高城市的运行效率、降低资源浪费，同时提升居民的生活质量，推动城市可持续发展。

物联网的应用将深刻影响农业领域，形成智能农业的新模式。传感器、监测设备、智能机器人等物联网技术的应用将实现对农田的智能化管理，包括土壤监测、作物生长预测、精准灌溉等。这将提高农业生产的效率和可持续性，为粮食安全和农业可持续发展提供有力支持。

智能工厂通过将生产设备连接到物联网网络，实现设备之间的智能协同和自动化控制。这将提高生产效率、降低生产成本，同时也使得生产过程更加灵活和可定制。

在医疗领域，物联网的发展将促使医疗设备的智能化和医疗信息的数字化。通过植入式传感器、可穿戴设备等，患者的健康状况可以实时监测，医生可以更精准地进行诊断和治疗。这将提高医疗服务的效率和个性化水平，推动医疗行业向数字化转型。

物联网的发展也将引发对于数据安全和隐私保护的重大挑战。随着大量设备的连接和信息的传输，对于如何确保数据的安全性和个人隐私的保护成为亟待解决的问题。这将需要政府、企业和技术界共同努力，建立更加健全的法规和标准，保障物联网时代信息安全的可持续发展。物联网的发展将深刻改变人们的生活、工作和产业格局，成为未来技术创新的一大动力。随着物联网的不断演进，我们将迎来一个更加智能、连接、可持续的数字化时代。

三、5G 技术的推动

5G 技术的推动将在未来塑造数字社会的新面貌，引领技术创新的飞速发展。首先，5G 技术的商用将带来更高速、更稳定的无线通信网络，将移动通信推向一个全新的水平。这不仅将提升用户体验，实现更快的下载速度和更低的延迟，也将推动物联网、虚拟现实、增强现实等技术的全面发展。

通过 5G 的高速、低延迟特性，交通系统可以实现更高效的车辆通信和智能交通管理。这将推动自动驾驶技术的进一步发展，提高交通系统的安全性和效率，缓解交通拥堵问题。5G 技术的推广将加速工业互联网的发展，助力工业 4.0 的实现。工厂内的设备和机器将通过 5G 网络实现更快速、更可靠的通信，实现智能制造、远程监控和设备协同工作。这将提高生产效率、降低成本，促进制造业向数字化和智能化转型。

远程医疗服务、医疗设备的互联互通将得以实现，为患者提供更广泛、更便捷的医疗服务。同时，5G 的高速和低延迟将支持医疗机器人、远程手术等高科技医疗应用，提升医疗领域的技术水平。

在娱乐和文化领域，5G 技术将推动虚拟现实（VR）和增强现实（AR）的发展。高速的数据传输和低延迟将提升 VR 和 AR 应用的体验，拓展了虚拟现实的应用场景，从游戏娱乐扩展到教育、旅游等多个领域。

大量设备和传感器将通过 5G 网络实现快速、可靠的连接，形成庞大的物联网生态系统。这将促进智能家居、智慧城市等领域的发展，实现设备之间的智能互联，为人们创造更智能、更便捷的生活。

5G 技术的推动将深刻改变各个行业，加速数字社会的建设和发展。作为技术创新的关键推动力之一，5G 将连接人与人、人与物、物与物，为未来的科技发展带来更为广阔的可能性。

第二节　人工智能与创新经济学

一、人工智能

（一）人工智能的含义

人工智能（Artificial Intelligence，简称 AI）是一门研究如何使计算机能够完成类似人类智能的任务的科学。它不仅仅是单一技术或算法，更是一个庞大的领域，涵盖了机器学习、深度学习、自然语言处理、计算机视觉等多个分支。在人工智能的范畴内，目标是让机器能够模仿、理解和执行人类智能的各种功能。

通过传感器和数据输入，人工智能系统能够获取关于周围世界的信息，并利用算法进行分析和理解。这使得机器能够模拟人

创新经济学研究

类对于环境的感知能力,从而做出更为智能的决策。

机器学习是人工智能的一个关键分支,其目标是使计算机能够从经验中学习,不断优化和改进自己的性能。这种学习能力使得人工智能系统能够适应不同的情境和任务,具备更高的灵活性和智能性。

通过逻辑推理、问题求解等方法,人工智能系统能够从已知信息中推断出新的结论,解决复杂的问题。这种推理能力是人工智能系统在处理各种情境中具备高效性和准确性的基础。

自然语言处理使得计算机能够理解、生成和处理人类语言,而计算机视觉则赋予机器对图像和视频进行理解和分析的能力。这为人工智能系统与人类之间更为自然的交互方式创造了可能性。

人工智能的含义不仅仅是单一技术或方法,更是对于构建具有感知、学习、推理和解决问题等多方面能力的智能系统的综合追求。人工智能的发展将深刻改变我们与技术的互动方式,为社会、经济和科学带来全新的可能性和挑战。

(二) 人工智能的发展

人工智能的发展是科技领域中的一场革命性变革,不断推动着人类社会向智能化、自动化的未来迈进。随着计算能力的提升、数据的爆发增长以及机器学习算法的不断创新,人工智能取得了显著的进展,涵盖了自然语言处理、计算机视觉、强化学习等多个领域。

通过构建深度神经网络,计算机能够从大规模数据中学习和提取特征,实现对复杂任务的高效处理。深度学习在图像识别、语音识别等领域取得了突破性成果,为人工智能应用的广泛推广奠定了基础。

监督学习、无监督学习、强化学习等不同类型的机器学习算法应用广泛,使得计算机能够通过经验不断优化性能,逐步适应复杂多变的环境和任务。这种学习能力使得人工智能系统具备了更高的智能化水平，可以适应不同的应用场景。

人工智能在自然语言处理领域的进步为计算机理解和处理语言提供了新的途径。机器翻译、文本生成、情感分析等应用展示了人工智能在处理语言任务上的强大能力，使得计算机能够更自然、更智能地与人进行交流。

在计算机视觉方面，人工智能系统通过图像识别、目标检测、人脸识别等技术实现了对图像和视频的高级理解。这不仅为安防监控、医学影像分析等领域提供了新的解决方案，也为虚拟现实、增强现实等应用带来了更广泛的可能性。

另一个引人注目的方向是强化学习，通过让计算机在特定环境中进行试错学习，使其能够通过积累经验来制定最优的决策策略。这为自动控制、游戏玩法、自主机器人等领域提供了新的思路，将人工智能推向了更加复杂和智能的境地。

人工智能的发展不仅改变了我们对计算机的认知，也深刻影响着各个行业的运作方式。从智能助手到自动驾驶，从医疗诊断到金融风险管理，人工智能正逐渐渗透到生活的方方面面。然而，伴随着技术进步，也应当关注伦理、隐私、安全等问题，确保人工智能的发展能够为人类社会带来真正的福祉。未来，人工智能将继续演进，为社会带来更多的创新和变革。

二、人工智能与创新经济学的融合

（一）智能技术驱动的创新

智能技术驱动的创新是当今创新经济学中的一个重要议题，人工智能作为关键的推动力，正在深刻地改变着产业格局、创新模式和经济发展方式。智能技术在产品和服务创新方面发挥着关键作用。通过机器学习和深度学习等技术，人工智能系统能够从大量数据中提取规律，为企业提供更为精准的市场预测、产品设计和服务优化。这种数据驱动的智能创新使得企业更能适应市场需求，更加灵活地调整战略和运营。

以云计算、大数据为基础的人工智能服务，为企业提供了高效、灵活的解决方案，推动了创新业务的崛起。智能技术还促进了平台经济的兴起，通过连接供应商、消费者和服务提供商，构建了更为复杂和高效的商业生态系统，推动了创新经济的发展。

无人驾驶、智能医疗、智能制造等领域的兴起，直接源于人工智能技术的不断创新。智能技术不仅在传统产业中推动了效率的提升，更为新兴产业的崛起提供了强大的动力。这种技术驱动的新兴产业为创新经济带来了新的增长点和发展机遇。

人工智能与生物技术、物联网、区块链等新兴技术的融合，推动了创新经济的多元化发展。这种跨界融合不仅为技术创新提供了更为广泛的思路和解决方案，也为产业创新带来了更大的创新可能性。

创新经济中，人才是最宝贵的资源，而智能技术的发展使得对于具备新型技能的人才需求日益增长。这促使教育体系、职业培训等领域进行调整和创新，以适应新型经济环境对人才的需求。

智能技术驱动的创新是创新经济学中的一大亮点，它改变了传统的创新模式，为产业升级、科技跨界融合、商业模式创新提供了广阔的空间。然而，随着智能技术的发展，我们也需要关注其带来的社会、伦理、安全等问题，确保人工智能的发展与创新经济的可持续发展相协调，实现科技与社会的共同繁荣。

（二）智能化生产和供应链管理

智能化生产和供应链管理是人工智能与创新经济学交汇的重要领域，它不仅彻底改变了传统的制造和供应链方式，还为企业提供了更高效、灵活、智能的生产和物流管理方案。智能化生产通过引入人工智能技术，实现了生产过程的全面优化。自动化生

第九章 未来趋势与创新经济学展望

产线、智能机器人、物联网设备等的广泛应用,使得生产线能够更灵活地应对不同产品的生产需求,提高生产效率,减少资源浪费。人工智能技术在生产计划、质量控制、维护预测等方面的应用,使得生产过程更加智能、可预测,为企业提供了更大的竞争优势。

智能化供应链管理通过整合人工智能技术,使得供应链更加敏捷、可视化和可控。预测性分析、实时监控、智能调度等技术的应用,使企业能够更准确地预测市场需求、及时调整生产计划,避免库存积压或供应短缺。智能化的供应链管理系统还能够实现对整个供应链的实时监测,及时发现和解决潜在问题,提高供应链的透明度和效益。

人工智能在采购、物流和配送环节的应用,使得供应链更具智能化。通过机器学习算法对供应商、运输路线、库存等数据进行分析,企业能够更精确地选择合适的供应商、优化物流路径,降低成本,提高效率。智能化的配送系统可以根据实时交通状况、天气等因素进行智能调度,提高配送的准时性和可靠性。

区块链技术在供应链中的应用也为智能化供应链管理提供了新的可能性。通过区块链的去中心化、不可篡改的特性,可以实现对供应链各环节的信息追溯和透明管理,确保产品的质量和安全。这种去中心化的信任机制有助于构建更加稳健、可靠的供应链网络。

在智能化生产和供应链管理中,人工智能技术不仅提高了效率,降低了成本,还促使企业更加灵活地应对市场变化,加速产品上市周期,提高了创新的速度和深度。然而,随着智能化的推进,也面临着数据隐私、安全性、伦理等方面的挑战,需要在推动创新的同时,加强相关政策和法规的建设,确保智能化生产和供应链管理的可持续和健康发展。在未来,智能化的生产和供应链管理将继续为创新经济提供坚实的基础,为企业在竞争中脱颖而出创造更多可能性。

(三) 数据驱动的决策和创新

数据驱动的决策和创新是人工智能与创新经济学密切关联的核心领域,它引领着企业在信息时代的发展,为决策制定和创新提供了全新的范式。数据驱动的决策借助人工智能技术,通过大数据的采集、分析和挖掘,使得企业能够更准确地理解市场、用户需求和竞争环境。机器学习算法能够从海量数据中发现潜在规律,提供更为精准的市场预测,帮助企业做出更科学、可靠的战略决策。数据驱动的决策使得企业能够更快速地适应市场变化,更灵活地调整业务方向,提高了决策效率和灵活性。

通过对大数据的深度分析,企业能够挖掘出潜在的市场机会、产品需求和创新方向。人工智能技术为创新提供了更为智能、高效的工具,从产品设计到营销策略,都能够得到数据的支持和引导。数据驱动的创新不仅提高了创新的成功率,也使得企业更具竞争力,更容易在市场中脱颖而出。通过构建大数据平台和引入人工智能技术,企业能够更好地管理和利用数据资源。智能化的数据分析工具使得企业决策者能够更直观地理解数据,做出更具深度的决策。数字化转型不仅提高了企业的运营效率,也为企业在创新经济时代更好地利用数据资产打下了基础。

随着数据应用范围的扩大,数据的安全性和隐私性成了不可忽视的问题。在推动数据驱动的决策和创新的同时,企业需要加强数据的合规管理,保障用户和企业信息的安全,避免潜在的风险和不当使用。它不仅为企业提供了更为精准和全面的信息支持,也在推动创新的过程中发挥着关键作用。在未来,随着数据技术的不断发展和智能化水平的提升,数据驱动的决策和创新将继续成为创新经济的引擎,为企业创造更多的价值和竞争优势。

第三节 生态创新与可持续经济学

一、生态创新

(一) 生态创新的含义

生态创新是一种涵盖全球资源、经济、社会、环境等多维度的创新模式,其含义远不仅仅局限于产品或技术的创新,而是更广泛地涉及整个社会体系的创新。首先,生态创新强调的是对整个生态系统的全面优化和协同发展。这包括了生产、消费、环境、社会等多个层面的关系,企业在进行生态创新时需考虑生态系统中各方的利益和影响,追求整体效益的提升。生态创新将创新的视野从局部扩展到全局,倡导协同、循环和可持续的发展理念,以推动整个社会朝着更加健康、平衡的方向发展。

(二) 生态创新的主要理念

生态创新的主要理念涵盖了多个方面,包括全球生态系统的综合优化、与自然环境的和谐共生、社会责任和价值的创造、科技与社会的互动等。这些理念共同构建了一个更加综合、协同、可持续的创新模式,推动社会朝着更加健康、平衡的方向发展。

全球生态系统的综合优化是生态创新的核心理念之一。生态创新不仅仅是企业内部创新的问题,更是需要整个生态系统中各方的共同努力。企业在进行生态创新时,需要考虑到全球资源、经济、社会、环境等多个维度,追求整体效益的提升。这包括了在生产、消费、环境等方面的创新,旨在实现全球生态系统的协同发展,推动整个社会体系的协同优化。

与自然环境的和谐共生是生态创新的重要理念之一。生态创新倡导企业更加注重与自然环境的融合,减少对自然资源的过度开发和浪费。这涉及采用更为环保的生产工艺、推动循环经济的发展、降低碳排放等方面的创新。生态创新的目标是在满足人类需求的同时，最大限度地保护和维护自然环境，实现企业与环境的良性互动，推动可持续发展。

生态创新注重社会责任和价值的创造。企业在进行生态创新时，需要考虑对社会的积极影响，关注员工福祉、社区发展、公益事业等方面。通过建立良好的企业社会责任体系，企业能够更好地融入社会生态系统，实现经济、社会和环境的协同共赢。生态创新不仅追求经济效益，更关注人与社会的和谐发展[①]。在科技发展的同时，生态创新倡导将科技创新与社会需求相结合，关注技术的社会影响和伦理问题。通过引导科技朝着有益于整个社会生态系统的方向发展，生态创新旨在使科技创新更为普惠，服务于整个人类社会。这包括了对新技术的谨慎应用，避免对社会产生负面影响，同时促使科技服务于社会的更广泛需求，推动科技成果更好地融入社会实践。

在整体上，生态创新的主要理念构建了一个全面考虑社会、环境和经济等多个层面的创新模式。通过综合优化全球生态系统、与自然环境和谐共生、承担社会责任和价值创造、科技与社会的互动等方式，生态创新提供了一种新的路径，使得企业和社会能够更好地适应全球性的挑战，迈向更加可持续和繁荣的未来。这一创新理念的推动需要企业、政府、科研机构等各方的共同努力，促使整个社会朝着更加健康、平衡的方向发展。

二、可持续经济学

（一）可持续经济学的含义

可持续经济学是一种关注经济发展与环境、社会可持续性相

---

① 梁双陆，张利军. 人力资本、技术创新与长期经济增长——基于我国西部地区的分析 [J]. 技术经济与管理研究，2016，(11)：29-34.

协调的经济学分支。其含义在于追求一种经济体系，能够在满足当前和未来世代的需求的同时，最大限度地保护和维护自然环境，促进社会公正和人类福祉。可持续经济学超越了传统经济学中对于短期经济增长和资源利用的关注，更强调长期、全球、综合的发展目标，以确保经济的可持续性、环境的可持续性和社会的可持续性。

经济发展不仅仅被视为产生货物和服务的过程，更是一个与自然环境和社会相互作用的系统。这种经济学的含义在于通过协调经济、环境和社会的关系，追求一种平衡的发展方式。可持续经济学关注的核心问题包括如何实现经济增长与资源消耗的分离，如何减少对环境的负面影响，如何促进社会公正和人的幸福感。

（二）可持续经济学的主要观点

可持续经济学的主要观点包括多个方面，涵盖了经济、环境和社会的综合性考虑。可持续经济学主张综合性发展，强调经济、环境和社会三者之间的相互依存和协同发展。它认为经济增长应当与环境和社会可持续性相协调，不仅仅关注短期经济利益，更要考虑长远发展的方向和目标。可持续经济学强调资源的有效利用和循环经济的理念。通过提倡减少浪费、提高能源效率、推动循环利用，以降低对自然资源的过度消耗，减缓生态系统的压力，实现资源的可持续利用。可持续经济学倡导采用绿色技术和生产方式，即更加环保和可持续的技术和生产方式。这包括清洁能源的使用、低碳排放的生产过程以及对环境友好的科技创新，以降低对环境的负面影响。可持续经济学注重社会公正和包容性，强调经济发展应当使得社会各阶层都能够分享发展成果，避免贫富差距的扩大。社会公正与包容性是可持续经济的基石，保障人们的基本权利和福祉。可持续经济学关注生态系统的健康，提倡对生态系统的保护和恢复。这包括保护生物多样性、防治土地退化、保护水资源、减缓气候变化等方面的努力,以确保生态系统的可持续性和地球的生态平衡。可持续经济学认为,长远规划和全球合作是实现可持续发展的关键。国际合作和跨国行动是解决全球性环境和社会问题的必要手段,各国需要共同努力,共同应对气候变化、资源短缺等全球性挑战。可持续经济学主张广泛的公众参与和社会教育。公众的意识和行为对于可持续发展至关重要,需要通过教育和宣传引导公众形成可持续的消费和生活方式,促使整个社会朝着可持续的方向发展。可持续经济学的主要观点体现了对经济、环境和社会三者关系的全面思考,旨在建立一个既能够实现经济繁荣又能够保护自然环境和促进社会公正的发展模式。这些观点提供了一个综合性的框架,引导人们在经济活动中更加谨慎、负责任,以确保当前和未来世代的可持续发展。

三、生态创新与可持续经济学的融合

(一)生态创新应用推动循环经济模式的实践

生态创新应用推动循环经济模式的实践是可持续经济学的一项关键举措。生态创新不仅在理念上强调协同发展和资源的有效利用,更在实践中推动了循环经济的模式,为实现经济、环境和社会的可持续性提供了创新性解决方案。

循环经济追求将资源的生产、使用、回收和再利用形成一个闭环系统,减少资源的浪费和排放。生态创新应用在产品设计、生产工艺和供应链管理等方面进行创新,引入循环经济的理念,使得产品更容易回收、再利用,降低了对原始资源的需求。这种实践有助于打破传统线性经济模式,促使企业在经济活动中更加关注资源的可持续利用。

循环经济强调在生产过程中减少对环境的污染,生态创新应用在此方面发挥着重要作用。通过引入绿色技术和清洁生产方式，企业能够降低能源消耗、减少废弃物排放，从而减轻对环境的压力。这种实践既符合循环经济的原则，也促使企业更加负责任地履行社会和环境责任，推动了可持续经济的发展。

通过产品设计、材料选择、包装方式等方面的创新，企业可以使产品更容易分解、回收，延长产品的使用寿命，降低废弃物的产生。这种在产品层面上的创新与循环经济的理念相契合，有助于减少对自然资源的过度开发和提高资源的再利用率。

通过构建具有循环经济特征的供应链，实现资源和能源的高效利用，减少过度的运输和能源浪费。生态创新应用在供应链中引入数字化技术、共享经济模式等创新，提高了供应链的透明度和协同效率，推动了循环经济的实践。

生态创新应用推动循环经济模式的实践是可持续经济学的核心体现之一。这种实践不仅使企业更具竞争力，更使整个经济体系更加环保、高效，为可持续发展提供了创新的路径。通过整合经济、环境和社会的利益，生态创新应用在循环经济中的实践为实现资源的可持续利用、减少环境压力、促进社会公正提供了有力的支持，是走向可持续经济的关键一步。

（二）生态创新应用推动数字化农业和可持续食品生产

生态创新应用推动数字化农业和可持续食品生产是可持续经济学的一项重要实践。通过整合现代技术和生态创新理念，数字化农业以及可持续食品生产得以协同发展，旨在提高农业的生产效率、减少资源浪费、保护生态环境，同时满足日益增长的全球食品需求。

通过引入传感器、物联网、大数据分析等先进技术，数字化农业实现了对农田、作物和养殖场等方面的实时监测和管理。这种数字化的农业管理方式使得农民能够更精准地调整种植、灌溉、施肥等农业活动，提高农业生产的效率，减少了对土地和水资源的浪费，符合可持续经济的资源有效利用原则。

数字化农业与生态创新应用相结合，推动了精准农业的发展。通过精准农业技术，农业生产可以更加精细化、个性化地进行管理，减少农药和化肥的使用，提高农产品质量。生态创新应用倡导环保和健康的农业生产方式，数字化农业的精准管理与此相契合，有助于减少对环境的负面影响，提高农产品的可持续性。数字化农业通过提升农产品的追溯体系，有助于实现可持续食品生产的目标。通过区块链技术等手段，数字化农业可以追踪农产品从生产到销售的整个流程，确保产品的质量和安全。这种透明的追溯系统有助于减少食品安全问题，同时也提高了对农产品生产过程的关注，促使生产者更加负责任地进行生产，符合可持续食品生产的原则。

数字化农业与生态创新应用的融合也推动了农村地区的可持续发展。通过数字化技术的应用，农民可以更加方便地获取市场信息、销售产品，提高农民的收入水平。这有助于促进农村地区的经济发展，改善农村居民的生活水平，同时减缓城市化带来的问题，符合可持续经济学对于社会公正和包容性的追求。

生态创新应用推动数字化农业和可持续食品生产是在可持续经济学框架下的一项积极实践。通过促进农业生产的智能化和精准化，数字化农业与生态创新相结合，为实现可持续食品生产提供了科技支持和创新解决方案。这种实践不仅有助于提高农业生产的效率，减少对环境的负面影响，同时也促使农业生产更加符合可持续经济学的原则，为人类提供健康、可持续的食品。

（三）生态创新应用鼓励社会参与和共享经济的发展

生态创新应用不仅推动着可持续经济学的发展，而且在鼓励社会参与和共享经济的发展方面发挥着关键作用。通过整合创新理念和数字技术，生态创新应用促使社会更加参与、协作，同时推动共享经济的崛起，为实现可持续社会和经济模式提供了新的路径。生态创新应用通过数字技术的广泛应用，为社会提供了更

第九章 未来趋势与创新经济学展望

多参与环境保护和可持续发展的机会。通过手机应用、社交媒体等平台，人们能够更加方便地获取环保信息、参与环保活动，分享可持续生活的经验。这种参与式的数字技术应用加强了公众与环保组织、企业之间的互动，推动了社会参与的广泛化，形成了推动可持续经济学的社会基础。

共享经济通过优化资源配置，提高资源利用效率，符合可持续经济的理念。生态创新应用在共享经济中发挥了引领作用，例如共享交通工具、共享能源设备等。这些应用通过数字平台实现了资源的共享与再利用，不仅降低了对原始资源的需求，也减少了废弃物的产生，推动了可持续发展的方向。生态创新应用在鼓励社会参与和共享经济的过程中，注重了社会的包容性和公正性。通过数字技术，生态创新应用提供了更为平等的信息获取和参与机会，减少了信息的不对称，使更多人能够参与到环保和可持续发展的过程中。这有助于弥合社会的分化，促进社会的共享和包容，进一步推动了可持续经济学的发展。

通过数字社区、社交平台等工具，人们能够更容易地建立共享社群，共同分享资源、知识和经验。这种社群共享的模式有助于形成更加紧密的社会网络，促进人与人之间的合作与互助，为可持续发展提供了更为有力的社会基础。生态创新应用在鼓励社会参与和共享经济的发展中发挥了关键作用，为实现可持续经济学的目标提供了新的动力和路径。通过数字技术的创新，生态创新应用加强了社会与环境之间的互动，形成了更加参与式的社会结构。与此同时，共享经济的崛起也在改变着人们对资源的利用方式，推动着可持续发展的社会模式。这种整合数字技术、社会参与和共享经济的模式，为可持续经济学注入了更为活力和创新性。

第四节 创新经济学的新兴领域和挑战

一、创新经济学的新兴领域

（一）数字经济与科技创新

数字经济与科技创新是创新经济学中备受关注的新兴领域，其探讨了数字化和科技创新对经济结构、产业发展以及社会变革所产生的深刻影响。数字经济作为一个基于数字技术的经济形态，涵盖了数字产业、数字化生产、数字化服务等多个方面。科技创新推动了数字经济的蓬勃发展，改变了传统产业的运营方式，加速了信息传递的速度，推动了商业模式的变革。科技创新在数字经济中扮演着关键角色，包括人工智能、物联网、区块链等技术的不断涌现。这些技术的应用不仅提高了生产效率，也催生了新的商业模式和创新产品，引领着数字经济的快速发展。数字经济与科技创新相互促进，数字经济的发展为科技创新提供了广阔的市场需求和实验场景。同时，科技创新为数字经济注入了源源不断的动力，推动了数字技术的不断演进和升级。此外，数字经济与科技创新的结合也深刻地影响了就业模式、人才需求和社会结构。新兴的数字职业和创新型人才需求不断增加，社会对于数字时代所需技能的重视成为创新经济学研究的一个重要方向。数字经济与科技创新作为创新经济学的新兴领域，不仅推动了经济结构的深刻变革，也为创新经济学提供了全新的研究视角，引领着创新经济的未来发展。

（二）社会创新与可持续发展

社会创新与可持续发展是创新经济学中备受关注的新兴领域，强调创新在社会领域的应用和推动可持续经济发展的重要性。社会创新强调通过创新性的社会实践解决社会问题，促进社

第九章 未来趋势与创新经济学展望

会福祉和公平发展。社会创新关注的领域包括教育、医疗、环境保护等，旨在推动社会变革和改善人们的生活质量。社会创新与可持续发展密切相关，强调创新在经济、社会和环境之间的协同作用。可持续发展要求经济增长不仅要考虑经济效益，还要兼顾社会公正和环境保护，而社会创新正是实现这一目标的关键路径。社会创新强调参与式创新，鼓励不同利益相关者的参与和协同。这包括政府、企业、非营利组织以及社会大众的合作，共同推动解决社会问题的创新性解决方案。此外，社会创新也强调基于社区的创新，注重发挥地方性的优势和资源，推动社区层面的可持续发展。综合而言，社会创新与可持续发展作为创新经济学的新兴领域，强调创新在社会领域的广泛应用，为促进可持续经济发展提供了新的理念和方法。通过社会创新，创新经济学不仅关注经济增长，更关注社会公正、环境可持续性和人类福祉的全面提升，推动了经济学研究范式的拓展和深化。

（三）创新生态系统与创新网络

创新生态系统与创新网络是创新经济学中备受关注的新兴领域，突显了创新不再是孤立的个体行为，而是由多方面的参与者、资源和机构共同构建的动态生态系统。创新生态系统强调各种组成部分之间的相互作用，包括企业、初创公司、大学、研究机构、政府等。这一生态系统的形成使得不同实体之间能够共享资源、互相激发创新活力，形成协同效应，推动创新不断涌现。创新网络作为创新生态系统的具体表现，强调各参与者之间的网络联系和互动。这些网络连接了不同行业、领域和地理位置的创新主体，促进了知识、技术和资本的流动，创造了更具创新性的解决方案。创新生态系统与创新网络对于支持初创企业的成长至关重要。通过与大企业、投资者、孵化器等形成紧密的合作关系，初创企业能够更容易获得资金、导师支持和市场机会，提高了其创新成功的概率。政府在创新生态系统中的角色也备受瞩目，政策制定者通过提供创新激励、减轻创新风险等方式，为整个生态系统的平衡和发展提供支持。综合而言，创新生态系统与创新网络作为创新经济学的新兴领域，强调创新不再是孤立的个体行为，而是一个多元参与者共同构建的动态系统。这一新视角拓展了我们对创新过程的理解，注重协同创新、网络关系和生态系统的角色，为推动创新提供了更为全面和系统的研究框架。通过深入研究创新生态系统与创新网络，创新经济学有望更好地应对现代经济环境中的复杂挑战，推动创新经济的可持续发展。

二、创新经济学面临的主要挑战

（一）科技的快速变革

创新经济学面临的主要挑战之一是科技的快速变革。随着科技的飞速发展，新兴技术的涌现不仅推动了经济结构的深刻变革，也对创新经济学提出了新的问题和考验。科技的快速变革带来了新的产业格局和商业模式。新兴技术如人工智能、物联网、生物技术等不断涌现，颠覆了传统产业，引发了新的市场趋势和商业机会。创新经济学面临着如何理解和适应这些技术变革的挑战，需要深入研究其对经济增长、就业和产业结构的影响。科技变革对劳动力市场提出了新的问题。自动化和智能化技术的普及可能导致某些传统岗位的消失，而新兴技术的应用也将催生新的职业需求。创新经济学需要深入研究科技变革对就业的影响，提出相应的政策和培训方案，以更好地应对劳动力市场的挑战。科技的快速变革加剧了知识的不平等分配。技术领先者能够更好地获取和应用先进知识，而技术滞后者可能面临知识鸿沟的加深。创新经济学需要研究科技发展对不同群体、地区和国家之间知识流动的影响，提出促进知识共享和减小知识鸿沟的政策建议。科技的快速变革还引发了伦理、隐私和安全等方面的问题，创新经济学需要积极参与这些讨论，为构建科技创新与社会利益的平衡提供理论和政策支持。科技的快速变革是创新经济学面临的一项重要挑战,需要深入研究其多方面的影响,提出应对策略,以引领创新经济学更好地适应科技快速发展的时代潮流。

(二) 不确定性与风险

创新经济学面临的另一主要挑战是不确定性与风险。创新过程充满着不确定性,包括市场反应、技术发展、政策变动等多方面的不可预测性。市场不确定性是创新经济学面临的重要问题,新产品、新服务的市场需求难以准确预测。创新经济学需要关注市场变化的动态性,通过研究市场反馈机制、消费者行为等,来更好地理解和应对市场不确定性对创新的影响。技术不确定性也是创新经济学需要应对的挑战之一。科技的发展往往充满风险,新技术的成功与失败很难预测,这对企业、投资者和政府等创新主体带来了较大的不确定性。创新经济学需要深入研究技术创新的动态过程,提出有效的风险管理策略,以促进科技创新的可持续发展。此外,政策不确定性也是创新经济学关注的焦点。政策的变化可能对创新产生深远的影响,包括研发资金的投入、知识产权保护、产业政策等。创新经济学需要研究政策对创新的激励和制约,为政府提供科学合理的政策建议。最后,全球性挑战,如自然灾害、全球卫生危机等也给创新经济学带来了更为复杂和多样化的风险。创新经济学需要思考如何在面对这些全球性挑战时,保持创新的活力,提高社会的适应能力。总体而言,不确定性与风险是创新经济学需要应对的主要挑战,理解和应对这些挑战将有助于构建更为稳健和可持续的创新经济体系。

(三) 社会与经济的不平等

创新经济学在面临挑战时,社会与经济的不平等是一个关键议题。社会不平等广泛存在于各个层面,包括收入、财富、教育和机会等方面。这种不平等不仅仅是道德和社会正义的问题,也直接影响创新经济的可持续发展和社会的整体稳定。不平等可能导致创新资源的不公平分配。在一个社会中，如果创新资源（如教育、资本、技术）的获取不公平分布，那么创新的机会也将受到限制。相对较弱的社会群体可能因为缺乏必要的资源而无法参与到创新经济中，从而限制了整个社会的创新潜力。不平等可能导致创新结果的不公正分配。如果创新经济取得成功的果实主要流向富裕阶层，而较弱群体未能分享到创新的红利，社会的不平等将进一步加剧。这种不公平分配不仅损害社会的凝聚力，还可能引发社会动荡和不满情绪，威胁整个创新经济体系的稳定性。不平等还可能影响创新文化的形成和发展。在一个存在较大不平等的社会中，可能存在创新机会的不均等现象，导致一部分人更难以发挥其创新潜力。这将阻碍创新文化的形成，因为创新需要广泛的参与和多样化的思维方式。如果社会不平等持续存在，将很难建立一个真正开放、包容、多元的创新文化。

为解决社会与经济的不平等对创新经济学的挑战，社会需要采取综合性的政策和措施。这可能包括改革教育体系，确保更广泛的人群能够获得高质量的教育资源；实施更为公正的税收政策，促使财富更为均衡地分配；加强社会保障体系，提高弱势群体的生活水平；并鼓励企业在其创新活动中积极关注社会责任，确保创新的利益更广泛地惠及整个社会。总的来说，社会与经济的不平等是创新经济学面临的一个重要挑战，解决这一问题需要全社会的共同努力，以建立一个更加公正、包容和可持续的创新经济体系。

参考文献

[1] 刘文超，李辉．熊彼特创新经济学视角下的供给侧结构性改革［J］．河北学刊，2018，38（02）：150-156.

[2] 刘思远．马克思主义经济学视角下企业产品创新机制：评《产品创新经济学：马克思主义经济学的解释》［J］．科技进步与对策，2020，37（21）：163.

[3] 曹素璋．创新经济学研究方法论与实验室实验法的最新发展［J］．创新与创业管理，2017，（01）：15-32.

[4] 张娜，邓霆，杜英歌．创新经济学理论增强国家文化软实力［J］．理论视野，2015，（05）：76-78.

[5] 孙红玉，雷正，杨艳武．技术创新、地方政府行为与长期经济增长［J］．统计与决策，2022，38（16）：113-117.

[6] 刘乐淋，杨毅柏．宏观税负、研发补贴与创新驱动的长期经济增长［J］．经济研究，2021，56（05）：40-57.

[7] 刘培森．金融发展、创新驱动与长期经济增长［J］．金融评论，2018，10（04）：41-59+119-120.

[8] 创新撬动全球中长期经济增长［N］．中国社会科学报，2017-07-20（008）．

[9] 梁双陆，张利军．人力资本、技术创新与长期经济增长：基于我国西部地区的分析［J］．技术经济与管理研究，2016，（11）：29-34.

[10] 王宇．社会资本、创新与长期经济增长［J］．时代金融，2016，（32）：44+49.

[11] 郑志强，马永健，范爱军．环境偏好、市场竞争与企业绿色创新［J］．山东大学学报（哲学社会科学版），2023，（04）：125-136．

[12] 张多蕾，王帅．市场竞争、绿色创新与企业金融化［J］．铜陵学院学报，2023，22（03）：13-18．

[13] 张新鑫，申成霖．市场竞争、政府创新激励与制药企业创新决策［J］．运筹与管理，2023，32（03）：15-21．

[14] 张敬文，童锦瑶．数字经济产业政策、市场竞争与企业创新质量［J］．北京工业大学学报（社会科学版），2023，23（01）：125-136．

[15] 廖筠，魏孟华，赵雪伟．市场竞争强度对企业开放度的影响：基于吸收能力的调节效应分析［J］．现代财经（天津财经大学学报），2023，43（01）：103-121．

[16] 冯晓青．知识产权制度的效率之维［J］．现代法学，2022，44（04）：171-190．

[17] 李凯旋．创新金融产品服务实体经济［N］．人民日报，2024-01-19（010）．

[18] 白让让．跨国公司"强制性"转让技术的动因、模式与效应：来自中美汽车合资合作企业的多案例研究［J］．产业经济评论，2022，（01）：58-72．

[19] 胡耀宗，王烽，姚昊．人力资本理论中国化及其创新：靳希斌先生人力资本思想与价值［J］．中国教育科学（中英文），2023，6（04）：143-146．王璐，李晨阳．人力资本结构、产业结构与经济稳增长：基于新结构劳动经济学视角的理论初探［J］．经济问题探索，2023，（09）：146-169．

[20] 梁静，马威，李迪．经济学［M］．成都：电子科技大学出版社，2020．

[21] 吴晓. 经济学 [M]. 北京：北京理工大学出版社，2016.

[22] 刘碧云. 经济学 [M]. 南京：东南大学出版社，2002.

[23] 张艳，王伟舟. 经济学 [M]. 北京：北京理工大学出版社，2018.

[24] 熊元培，熊元襄. 经济学 [M]. 上海：上海人民出版社，2013.

[25] 赵春荣. 经济学 [M]. 北京：中国经济出版社，2010.

[26] 臧日宏. 经济学 [M]. 北京：中国农业大学出版社，2003.

[27] （美）瓦尔特·J. 威赛尔斯（Walter J. Wessels）；沈国华译. 经济学 [M]. 上海：上海人民出版社，2004.

[28] 金镝. 经济学 [M]. 大连：大连理工大学出版社，2001.

[29] 李自杰. 管理经济学 [M]. 北京：对外经济贸易大学出版社，2023.

[30] 唐树伶，张启富. 经济学 [M]. 沈阳：东北财经大学出版社，2006.